RELATIONS

ENTRE

LA FRANCE & LA RÉGENCE D'ALGER

AU XVIIᵉ SIÈCLE

QUATRIÈME PARTIE

LES CONSULS LAZARISTES

ET

LE CHEVALIER D'ARVIEUX

(1646-1690)

PAR

H.-D. DE GRAMMONT

ALGER

ADOLPHE JOURDAN, LIBRAIRE-ÉDITEUR

4, PLACE DU GOUVERNEMENT, 4

1885

RELATIONS

ENTRE

LA FRANCE ET LA RÉGENCE D'ALGER

AU XVIIᵉ SIÈCLE

RELATIONS

ENTRE

LA FRANCE & LA RÉGENCE D'ALGER

AU XVIIᵉ SIÈCLE

QUATRIÈME PARTIE

LES CONSULS LAZARISTES

ET

LE CHEVALIER D'ARVIEUX

(1646-1690)

PAR

H.-D. DE GRAMMONT

ALGER

ADOLPHE JOURDAN, LIBRAIRE-ÉDITEUR

4, PLACE DU GOUVERNEMENT, 4

1885

RELATIONS

LA FRANCE & LA RÉGENCE D'ALGER

AU XVIIᵉ SIÈCLE

QUATRIÈME PARTIE

LES CONSULS LAZARISTES ET LE CHEVALIER D'ARVIEUX

(1646 - 1688)

A ce moment (1), il y avait déjà quelques années qu'un des personnages les plus remarquables de son siècle cherchait à résoudre le difficile problème des rapports de la France avec les États Barbaresques. C'était le grand homme de bien qu'on appelait alors *Monsieur Vincent,* et dont l'histoire a conservé le souvenir sous le nom de saint Vincent de Paul. Ayant lui-même subi l'esclavage à Tunis (1605-1607), il avait pu en étudier toutes les misères, en même temps que son esprit observateur et sagace lui permettait de se rendre compte de la faiblesse réelle de ces États par lesquels l'Europe se laissait insulter et ravager. Aussi ne cessait-il d'appuyer de sa légitime influence le parti *des croisières permanentes.* C'était lui qui avait, en 1620, décidé Philibert-Emmanuel

---

(1) Voir la troisième partie de nos *Relations (La Mission de Sanson Le Page et les Consuls intérimaires).*

de Gondi, dont il avait élevé_les enfants, à demander la permission *d'entreprendre contre Alger* ; et si le Général des galères eût montré, à cette époque, un peu plus de résolution (1), les résultats obtenus eussent été tout autres. Mais, voyant que, dans l'état de trouble et de pénurie où se trouvait alors la France, il y avait peu de chances de voir adopter un système de répression permanente, il se détermina à changer son mode d'action. Dans la célèbre Congrégation qu'il fonda (2), l'*Œuvre des Esclaves* tint une des premières places, et il y fit résoudre d'envoyer des *Missions* en Barbarie. Plus tard, il voulut que ces Missions fussent résidentes, et, à cet effet, il installa des prêtres Lazaristes auprès des Consuls, à titre de Chapelains ; il se servait ainsi d'un droit reconnu par les *Capitulations*. En 1645, M. Martin, consul à Tunis, reçut, en cette qualité, le P. Guérin, accompagné du F. Francillon (3). Le titulaire d'Alger, M. Balthazar de Vias, n'exerçait pas sa charge par lui-même. Saint Vincent de Paul obtint du Roi l'autorisation de la lui acheter et de la faire gérer par un membre de la Congrégation. Il avait été amené à prendre ce parti par diverses considérations qu'il explique lui-même fort clairement dans une lettre adressée à M. de la Haye-Vantelay, ambassadeur à Constantinople, datée du 25 février 1654 (4). Il y est dit que, « *ayant entrepris depuis six ou*

---

(1) Ph.-Emm. de Gondi n'avait pas une grande réputation de bravoure ; Guise, entre autres, ne lui en dissimulait pas son mépris. (Voir Tallemant des Réaux, *Historiettes,* — chap. du Cardinal de Retz).

(2) La *Charité* fut fondée à Mâcon, en 1623 ; la *Congrégation* fut autorisée par Lettres-Patentes, en mai 1627 ; la Bulle d'érection fut donnée par le pape *Urbain VIII*, le 12 janvier 1632 ; l'installation à Saint-Lazare suivit de près.

(3) Il périt, attaché à la bouche du canon, le 6 juillet 1688, lors du bombardement du Maréchal d'Estrées. — Le P. Guérin mourut de la peste, le 13 mai 1648.

(4) *Lettres de saint Vincent de Paul.* (Paris, 1880, 4 vol. in-8°), t. III, p. 23 et suiv.

» *sept ans d'assister les pauvres Chrétiens esclaves en*
» *Barbarie, spirituellement et corporellement, tant en*
» *santé qu'en maladie, etc.,* » il a fallu d'abord que les
prêtres se fissent Chapelains des Consuls; qu'à la mort
d'un de ceux-ci, le Pacha commanda au prêtre d'exercer
la charge, sur l'instance des marchands français. C'est
alors que Mme la Duchesse d'Aiguillon (1) « *s'employa*
» *vers le Roi, sans que nous en eussions aucune pensée,*
» *pour nous faire avoir les Consulats de Tunis et*
» *d'Alger.* » Ces Consuls emploient les produits de
leur charge et l'argent que nous leur envoyons à soula-
ger et à racheter les captifs. Ils maintiennent dans le devoir les prêtres et religieux esclaves, dont la conduite
n'était pas toujours édifiante ; « *le grand libertinage qui*
» *régnait auparavant parmi ces personnes d'Église*
» *décourageait les Chrétiens, etc.* »

Tout cela était fort vrai : le bagne était une école de
vice et de débauche; l'ivrognerie y était en honneur ;
l'escroquerie et le vol s'y pratiquaient ouvertement (2) ;
les esclaves, démoralisés, perdant tout espoir de revoir
leur patrie, se suicidaient ou allaient grossir le nombre
des Renégats, accroissant ainsi la puissance de l'ennemi.
Quelques-uns des prêtres et religieux captifs, dénués de
tout, soumis à un travail excessif, manquant de surveillance, ne tardaient pas à prendre les mœurs de leurs
compagnons de misère, devenaient la risée des Turcs et
des Renégats, et un mortel élément de défaillance pour
tous ceux qui étaient déjà ébranlés dans leur foi. En se
plaçant à ce point de vue, il est certain que saint Vin-

_____

(1) La Duchesse d'Aiguillon avait consacré des sommes considérables à l'Œuvre des galères et à celle des esclaves ; cet exemple
de générosité fut suivi par Louis XIII et par Anne d'Autriche ; il en
résulta que, pendant les quinze dernières années de sa vie, Saint
Vincent put racheter près de 1,200 captifs, qui nécessitèrent une dépense de plus d'un million de livres.

(2) Voir *Relation de la captivité et liberté du sieur Emmanuel d'A-
randa* (Bruxelles, 1662, in-16), passim.

cent, qui avait vu de près toutes ces hontes, choisissait
un bon moyen d'y remédier, en installant les Consuls
Lazaristes dans les États Barbaresques.

Mais cette pensée charitable, qui donnait une certaine
satisfaction aux besoins physiques et moraux des vingt
mille infortunés qui gémissaient dans les bagnes d'Alger, était un des plus malencontreux essais politiques
qu'on ait jamais faits, et la suite de cette histoire ne
nous le démontrera que trop. Ces hommes pieux, dévoués et bienfaisants, ces Chrétiens résignés, qui ac-
ceptaient comme une faveur divine les incarcérations,
les bastonnades et la mort, méritent à un haut degré le
respect dû au courage et à la vertu ; ils arrachèrent l'ad-
miration à leurs bourreaux eux-mêmes ; mais, au point
de vue politique, ils furent les plus mauvais Consuls
qu'on puisse rêver, et, les jours où ils ne furent pas inutiles, ils devinrent involontairement aussi nuisibles aux
intérêts de leur patrie qu'à leurs propres personnes. Il
n'eût pas été difficile de prévoir qu'il devait en être ainsi
et que leurs vertus mêmes allaient rendre leur mission
souvent périlleuse, et quelquefois impossible. L'humi-
lité chrétienne, la soif du martyre ne sont pas des qua-
lités consulaires. Celui qui représente la France en pays
étranger doit la représenter fièrement et ne pas oublier
que qui le frappe insulte la nation toute entière. Il y avait
là un premier écueil, et ce n'était peut-être pas le moins
dangereux.

Dans toute alliance entre deux nations, il existe une
clause principale, écrite ou secrète, qui a été la véritable
déterminante du traité conclu, et faute de laquelle la
paix ne saurait subsister longtemps. L'ancienne amitié
de la France et de l'Odjeac d'Alger était basée sur une
haine commune de l'Espagne, en sorte que l'on peut voir
les ruptures éclater toutes les fois que l'influence espagnole devient prépondérante à la Cour de France.

Il faut ajouter que la Régence n'avait de relations com-
merciales qu'avec cette dernière puissance, la seule sur

la Méditerranée avec laquelle elle ne fût pas en guerre
constante. C'était donc par l'intermédiaire des marchands français qu'elle exportait les produits indigènes,
grains, huile, cire, cuirs, etc. (1). Grâce à eux, elle se
débarrassait des marchandises qu'il était impossible de
vendre dans le pays même; par eux, elle se procurait les
agrès, les cordages, les voiles, les rames, les canons et
les projectiles dont elle manquait; c'était pour elle une
question de vie ou de mort. Il est vrai que l'article VII
de la Bulle *In cœna Domini* frappait d'excommunication
tous ceux qui fournissaient aux Musulmans des armes
ou des munitions de guerre (2); mais nos Rois, tout en
édictant des ordonnances dans ce sens, avaient souvent
dérogé à leur esprit (3), et nos Consuls avaient toujours
fermé les yeux sur ce commerce, le seul, à dire vrai, qui
fût possible avec Alger.

Or, ce qui avait pu être toléré par un Consul laïque,
ne put plus l'être par un religieux, et tout le monde fut
mécontent. Les Turcs considérèrent ce procédé comme
un acte d'hostilité; les marchands se plaignirent de leur
ruine; la ville de Marseille, qui avait accaparé presque
tout ce négoce, vit diminuer ses revenus et ne cacha
pas son mécontentement (4); en résumé, les nouveaux
Consuls devinrent vite en butte à la colère des Algériens
et à la haine mal déguisée de leurs nationaux. Pour toutes ces raisons, leur situation fut déplorable; les Pachas
et les Deys s'habituèrent à les insulter, à les emprisonner, à les bâtonner impunément, jusqu'au jour où ils

---

(1) Quand ce commerce s'arrêtait, les tribus de l'intérieur ne pouvaient plus payer l'impôt, faute d'argent.

(2) Voir le *Grand Bullaire* (Lyon, 1673, t. I, p. 714).

(3) Voir les *Négociations de la France dans le Levant* (II, 72, 214,
242, 633; — III, 388, 799, 854, etc.).

(4) En 1666, elle fit enlever le Consulat de Tunis au P. Le Vacher,
et y fit nommer M. Durand; les descendants de ce dernier ont été
souvent Consuls à Alger, Tunis et Tripoli.

couronnèrent leurs sévices par la mort cruelle infligée à quelques-uns d'entre eux.

Saint Vincent de Paul ne mit pas longtemps à s'apercevoir qu'il s'était trompé. Dès le 16 avril 1655, il écrivait à M. Get, Supérieur à Marseille, *le chargeant de s'informer secrètement si on ne pourrait pas trouver quelque marchand de Marseille qui consentît à payer une rente, en échange des Consulats d'Alger et de Tunis* (1). Le 18 mai 1657, il revenait sur ce sujet, et apprenait à M. Get qu'on lui avait offert 1,500 livres par an du Consulat de Tunis (2). Mais, en offrant de céder la charge, il entendait conserver l'autorité morale, au moyen d'un prêtre de la Mission, qu'il eût entretenu auprès du titulaire, et, dans ces conditions, il ne trouvait personne qui voulût de ce pouvoir partagé. Il avait songé à faire gérer les Consulats par des Religieux; mais il s'était heurté à la résistance de Rome : la Congrégation *de Propaganda Fide* appréciait très sainement les dangers de cette combinaison, et opposa des refus formels aux nombreuses démarches qu'il tenta auprès d'elle (3). Au moment où il espérait voir sa demande favorablement accueillie, il avait désigné, pour occuper le poste d'Alger, le P. Lambert-aux-Couteaux (4); il lui substitua

---

(1) *Lettres de saint Vincent de Paul*, t. III, p. 156.
(2)   Id.   t. III, p. 461.
(3)   Id.   t. III, p. 557, 678, etc.
(4) Les provisions royales furent délivrées le 5 juillet 1646. Nous transcrivons ici les premières lignes de cet acte, qui démontre de la façon la plus évidente que le dernier *Consul titulaire* avait été Balthazar de Vias, fils de Jacques, auquel il avait succédé. Il résulte de cette preuve que MM. Chaix, Ricou, Blanchard, Piou et Picquet n'ont été, à Alger, que des gérants de la charge, agissant par délégation de MM. de Vias.

« Louis, par la grâce de Dieu, Roy de France et de Navarre, Comte » de Provence, Forcalquier et terres adjacentes, à tous ceux qui ces » présentes lettres verront, Salut. Sçavoir faisons que, pour le bon » rapport qui nous a été fait de la personne de notre cher et bien- » aimé Lambert-aux-Couteaux, sa suffisance, loyauté, prud'hommie,

le F. Barreau, membre laïque de la Congrégation, qui faisait alors ses études cléricales à Saint-Lazare (1). Ce fut un choix malheureux. M. Barreau était le plus vertueux et le plus charitable des hommes ; il ne savait pas résister à une demande d'argent, et ne pouvait pas se résigner à écarter les solliciteurs; quand sa bourse était vide, il engageait sa parole, et le cautionné s'enfuyait souvent, abandonnant le Consul à la fureur des créanciers. Il mit par là à une rude épreuve la patience de saint Vincent (2), qui ne cessait de lui remontrer qu'il n'avait pas le droit de s'engager au-dessus de ses ressources, et que sa charité désordonnée nuisait à la Mission, au Consulat, et aux captifs eux-mêmes. Tout fut inutile; il était d'une bonté incorrigible. Nous allons voir ce qu'elle lui coûta.

Il partit aussitôt qu'il fût pourvu de sa commission, et arriva à Alger, au mois de juillet 1646. Son installation se fit sans difficulté, et même, grâce à quelques présents, il se fit restituer 55 captifs, qui avaient été jadis rachetés

---

» expérience et diligence, à icelui, pour ces causes, et autres à ce
» nous mouvant, donnons et octroyons par ces présentes signées de
» notre main, l'état et office de Consul pour la nation française à
» Alger et côte de Barbarie, que naguère soulait tenir et exercer
» Balthazar de Vias, dernier paisible possesseur d'iceluy, avec lequel
» Charles Moulard avait traité, par acte passé devant Sausson, no-
» taire à Marseille, le 14 mai dernier, et depuis passé sa résignation,
» *ad resignandum*, en faveur dudit Lambert-aux-Couteaux, etc. »

(1) A cette époque, on donnait le nom de *Frère* aux séminaristes et aux étudiants qui n'étaient pas prêtres. C'est donc à tort que quelques auteurs ont qualifié M. Barreau de *Père*. Il était né à Paris, le 26 septembre 1612, et s'était fait recevoir dans la Congrégation, le 14 mai 1645. Il fit ses vœux à la fin de 1647, et ne reçut les Ordres que dans les derniers mois de 1662, après son retour en France. M. Jean Barreau était d'une bonne famille de robe; on ignore l'époque de sa mort.

(2) Voir les *Lettres de saint Vincent*: — à M. Get, III, 328, 486, 528, 653 ; — IV, 37, 44, 85 ; — à M. Ozenne, III, 166 ; — au P. Le Vacher, IV, 309 ; — à M. Barreau, III, 303, 381, 471 ; — IV, 165, 274, 385, etc..

à Ali Bitchin par le P. Lucien Hérault, et qui, lors du pillage de la maison de l'ancien chef de la Taïffe, étaient tombés en diverses mains (1). En 1647, Ioussouf-Pacha succéda à Ahmed Ali, et donna une nouvelle impulsion à la Course. L'Italie souffrit beaucoup; la Provence ne fut pas épargnée (2). De leur côté, les Algériens eurent à subir de grandes pertes. Le 16 février, les galères de Malte prirent le grand vaisseau-amiral, après un rude combat où périrent 250 Turcs. Les Chevaliers firent 150 prisonniers et délivrèrent 45 esclaves; mais leur amiral, M. de Saint-Egeay, fut tué dans le combat (3). Au commencement de mars, le Capitan-Pacha Hussein surprit, dans le canal de Nègrepont, l'amiral vénitien Morosini, et le fit attaquer par les Reïs d'Alger, qui formaient son avant-garde. Morosini fut culbuté et tué; mais, à ce moment, survint le reste de la flotte chrétienne, commandée par Grimani, qui écrasa les Turcs et les força à retourner à Candie, après avoir enlevé leur convoi dans le port de Mételin (4). Cette nouvelle jeta la consternation dans Alger, que décimait alors la peste (5). La mauvaise humeur du Pacha se traduisit en persécutions contre M. Barreau; il lui réclama le paiement d'une somme de 6 ou 7,000 piastres, qui, disait-il, était due par les Pères de la Mercy (6), et le fit emprisonner pour le contraindre à

---

(1) Au mois de novembre, la Chambre des communes de Londres vota une nouvelle levée de deniers pour racheter les Anglais captifs en Barbarie. *(Gazette de France,* an 1646, p. 1171).

(2) « La semaine passée, ayant débarqué 20 soldats du côté de » Brégançon, ils entrèrent dans la maison d'Argentières, qui appar- » tient aux Chartreux de Laverne, près Saint-Tropez ; de laquelle » ils emmenèrent trois Chartreux, une heure seulement après que ↳ l'Évêque de Toulon, qui y était en visite, en fût parti. » *Marseille,* *le 12 février 1647. (Gaz. de France,* 1647, p. 186).

(3) *Gazette de France,* 1647, p. 169.

(4) *Gazette de France,* 1647, p. 323 ; et *Histoire ottomane,* par De La Croix, t. II, p. 400.

(5) M. Noël, chapelain du Consulat, en mourut le 26 juillet.

(6) L'Ordre de la Mercy s'occupait de la Rédemption des captifs,

payer. Cette fois, le Consul en fut quitté pour deux ou
trois semaines d'incarcération, et se fit mettre en liberté
moyennant quelques présents. Les troubles étaient tels
en France, qu'il ne fallait même pas songer à demander
raison de cette injure. Sans les Vénitiens et les Chevaliers de Malte, la Méditerranée eût été abandonnée sans
défense à la piraterie. Malgré leurs efforts, les côtes
d'Italie continuèrent à être ravagées d'une façon périodi-
que. En 1648, la peste vint encore décimer la population.
d'Alger; le fléau ne devait s'apaiser qu'en 1650 (1). Les
Colourlis exilés demandèrent à rentrer; on accorda
cette faveur à ceux d'entre eux qui purent fournir cau-
tion. La révolte de la province de Constantine était apai-
sée, et le nouveau Bey, Ferhat ben Mourad, y voyait
son autorité respectée.

Dès le commencement de l'année, le Sultan avait envoyé l'ordre aux Reïs de venir se joindre à la flotte ottomane. Mais ceux-ci, encore sous l'impression de la dé-
faite de Nègrepont, refusèrent d'armer leurs vaisseaux,
jusqu'au moment où une subvention de 600,000 sultanins
vint les y décider (2). Encore s'arrêtèrent-ils pour piller
tout le long de la route (3). Cependant, ils ravitaillèrent
La Canée dans les premiers mois de 1649 (4), et firent
leur jonction à temps pour participer à la bataille de la
Focchia, où l'amiral Riva battit la flotte turque.

---

et n'avait rien de commun avec les Lazaristes ; mais les Turcs ne
voulaient jamais admettre de distinction : « Vous êtes tous des Babas,
disaient-ils, et vous êtes solidaires les uns des autres ! »

(1) M. Le Sage, chapelain du Consulat, mourut de la peste, le 12
mai 1648; son successeur, M. Dieppe, fut frappé le 2 mai 1649.
C'était le troisième en trois ans. Il fut remplacé par M. Philippe Le
Vacher, frère du Consul de Tunis.

(2) *Gazette de France*, 1648, p. 1440 et 1712. A partir de ce moment,
toutes les fois que la Porte a besoin du concours des Reïs d'Alger
et de Tunis, elle envoie d'avance une subvention.

(3) *Gazette de France*, 1649, p. 134, 308, 339, 402, 426, etc.

(4) Id. 1649, p. 339.

En 1650, M. Barreau fut remis aux fers et y resta jusqu'en 1652. Il s'agissait toujours de la dette de l'Ordre de la Mercy. Enhardis par l'impunité, les pirates vinrent écumer les eaux de Marseille ; dont les galères leur donnèrent la chasse (1). Au mois de septembre, les Reïs ravagèrent la Corse et firent une grande quantité de captifs dans cette île et sur les côtes de Naples (2). L'année suivante, ils débarquèrent, au moment de la moisson, près de Civita-Vecchia, et enlevèrent, dans les campagnes de Rome, tous ceux qui ne se sauvèrent point à temps (3). Le métier était bon, et tout le monde s'en mêlait. Des marchands de Rotterdam, d'Amsterdam, de Gênes et de Livourne entreposaient les marchandises volées par les Barbaresques, et se faisaient leurs courtiers, moyennant commission (4). On en pendit quelques-uns, mais sans grand résultat. Du reste, l'exemple était venu de haut, et il y avait plus de vingt-cinq ans que Jacques Vacon, d'Ollioules, avait formulé des plaintes officielles contre le recel favorisé par le Grand-Duc de Toscane (5). On voyait les pirates anglais et hollandais naviguer de conserve avec ceux d'Alger et de Tunis; les Vénitiens en faisaient des plaintes inutiles (6). Car ces nouveaux déprédateurs s'étaient fait délivrer des lettres-de-marque par leurs gouvernements respectifs, pour courir sus aux Français, et, sous ce prétexte, ils pillaient tout le monde (7). En un mot, la Méditerranée n'était

---

(1) *Gazette de France*, 1649, p. 1090. Le Chevalier de la Ferrière, attaqué par trois pirates, en brûla un, en coula un autre; et prit le troisième (an 1650, p. 931).

(2) *Gazette de France*, 1650, p. 1597.

(3)　　　Id.　　　1651, p. 737.

(4)　　　Id.　　　1651, p. 288.

(5) *Correspondance de Sourdis* (documents inédits), t. I, p. 38.

(6) *Gazette de France*, 1652, p. 101.

(7) Le fait n'était pas nouveau, et les voyageurs craignaient beaucoup plus la rencontre de ces pirates-là que celle des Barbaresques ; car, pris par ces derniers, on ne risquait que la captivité, tandis que les autres massacraient tout, pour effacer les traces de leur crime.

plus qu'un repaire de bandits. L'Espagne, impuissante, laissait faire; la Sicile et les petits États d'Italie, en proie aux révolutions, ne pouvaient d'aucune manière s'opposer au fléau qui les dévorait; la France était livrée aux factions; à Constantinople, le désordre était à son apogée, au milieu des complots, des meurtres quotidiens, et de la discorde des Spahis et des Janissaires (1). Seuls, pendant la dernière moitié du XVIIᵉ siècle, les Vénitiens parvinrent à assurer une sorte de sécurité à l'Adriatique et à une partie de l'Archipel. Les croisières des Morosini, des Grimani, des Cornaro arrêtèrent les progrès du mal; en 1651, Mocenigo battit la flotte turque devant Candie; les Reïs d'Alger et de Tunis se conduisirent très mollement, et le Capitan Pacha voulait leur faire couper la tête; ils quittèrent l'armée et retournèrent chez eux (2), en pillant tout le long de la route (3); Foscolo leur donna la chasse et en prit quelques-uns (4). A Alger, Mohammed avait succédé à Ioussouf, et ce changement avait été avantageux à M. Barreau; car l'ancien Pacha, voyant qu'il allait partir et qu'il ne pourrait plus rien tirer de son prisonnier, s'était décidé à le libérer, moyennant 350 piastres, au lieu de 7,000 qu'il lui avait réclamées jusque-là. La Hollande profita du changement de Pacha pour demander la paix, qu'on lui vendit assez cher; ce fut de l'argent perdu, et ses vaisseaux continuèrent à être attaqués. En 1652, Morosini (5) surprit, au cap Matapan, le convoi des Reïs qui, ayant reçu 50,000 sultanins de la Porte (6), s'étaient décidés à ravitailler la flotte turque d'agrès et de chiourme; il leur prit douze vaisseaux. Mais le bassin occidental continuait à être dévasté. Les débarquements se succédaient dans les États

---

(1) *Histoire ottomane*, par De La Croix, t. II, p. 418 et suiv.
(2) *Gazette de France*, 1651, p. 1057.
(3)   Id.   1652, p. 433, 558, 605, 677, etc.
(4)   Id.   1652, p. 1110.
(5) Le frère de celui qui avait été tué à Nègrepont.
(6) *Gazette de France*, 1651, p. 375.

Romains et en Calabre, où 7,000 hommes, descendus sur les côtes, venaient de s'emparer de deux places fortes et de ruiner le pays (1). Le 5 juillet 1653, le Cardinal Antoine Barberini ne leur échappait qu'en s'échouant sous le canon de Monaco, et en leur abandonnant le navire qui transportait ses bagages et 70 personnes de sa suite (2). Ils insultaient le pavillon anglais devant Plymouth (3), enlevaient des bâtiments français près de St-Malo (4), attaquaient Don Juan d'Autriche (5) et ses trois galères de guerre dans les eaux des Baléares. Le pavillon vert flottait à la fois de tous les côtés. Quelque épuisée qu'elle fût par les guerres et les factions, l'Europe se révoltait enfin à ce spectacle, et tout le monde armait contre les Barbaresques. L'amiral anglais Blake paraissait devant Tunis (6), et, s'y voyant refuser satisfaction, canonnait Porto-Farina et y coulait neuf grands vaisseaux; Morosini en prenait huit devant Ténédos (7); la flotte française du Levant nettoyait le golfe du Lion par divers combats où s'illustrèrent le Chevalier de Valbelle (8), le Marquis de Martel et Gabaret; sous les ordres de Ruy-

---

(1) *Gazette de France*, 1652, p. 773.

(2)   Id.   1653, p. 764. Le Reïs manqua là une belle prise; car le Cardinal Antoine était plus riche que beaucoup de souverains. Après la mort d'Urbain VIII, Innocent X avait ordonné une enquête sur lui et son frère François ; il leur avait enlevé plus de deux cents gouvernements, abbayes, bénéfices, etc., et leur avait interdit de faire sortir leurs trésors des États Romains; malgré cette défense, ils étaient parvenus à faire passer en France quatre millions de ducats d'or. Le Consul Barreau s'occupa du rachat des gens du Cardinal Antoine.

(3) *Gazette de France*, 1650, p. 1133.

(4) Lettre de Guy-Patin, du 11 janvier 1655.

(5) *Gazette de France*, 1656, p. 390, 439, etc. Ce Prince ne se montra ni brave dans le combat, ni généreux pour ses sauveurs, après l'action.

(6) *Gazette de France*, 1655, p. 689. Le combat eut lieu le 14 avril.

(7)   Id.   1655, p. 610.

(8)   Id.   1655, p. 708, 1364, 1425, etc.

ter (1), les Hollandais vengeaient les injures passées, à l'entrée du détroit de Gibraltar, coulaient ou prenaient dix-huit vaisseaux de guerre avec leurs équipages ; les Chevaliers de Malte bloquaient les galères de Tripoli devant Céphalonie (2) ; Borri (3) et Mocenigo (4) défendaient les approches de la Canée avec un courage qui coûta la vie au premier des deux ; Gênes entrait en campagne avec Hippolyte Centurione (5), Ugo Fiesco (6) et Grimaldi (7) ; Naples elle-même se décidait à combattre, sous les ordres du prince de Montesarchio (8). Enfin, si les brigandages ne cessaient pas, au moins ne demeuraient-ils plus impunis.

A Alger, la peste avait reparu en 1654 ; cette fois, elle fut terrible. Ce fut la Grande Peste, qui fut nommée *Konia ;* elle dura trois ans, et enleva le tiers de la population. Les Reïs l'apportèrent à la flotte ottomane, qui perdit tellement de monde qu'elle ne put pas sortir des ports (9). Les captifs chrétiens souffrirent beaucoup. Le Consul leur prodigua des soins de toute nature ; ce fut pour lui une grande source de dépenses. En même temps, les revenus du Consulat diminuaient, la guerre et la peur de la contagion éloignant les bâtiments de commerce. M. Barreau s'endetta, plutôt que de cesser de secourir les malheureux. Ses créanciers portèrent plainte à Ahmed, qui venait de succéder à Mohammed, et il fut de nouveau emprisonné et maltraité, tant pour ce motif que par suite d'une recrudescence de fanatisme, dont il nous apprend la cause dans la lettre suivante (10) :

(1) *Gazette de France*, 1656, p. 31, 55.
(2) Id. 1656, p. 925.
(3) Id. 1657, p. 139, 179.
(4) Id. 1657, p. 354, 590, 677.
(5) Id. 1657, p. 523.
(6) Id. 1657, p. 678.
(7) Id. 1658, p. 705.
(8) Id. 1659, p. 561.
(9) Id. 1655, p. 266.
(10) *Archives de la Chambre de commerce de Marseille* (AA, art. 464).

Lettre de M. Barreau à MM. les Consuls et Gouverneurs de la ville de Marseille.

Alger, le 9 septembre 1654.

« MESSIEURS,

» J'ay receu, avec tout le respect qui m'a été possible,
» celle qu'il vous a plu m'écrire en faveur des officiers
» et équipage du vaisseau *Sainte-Christine,* pris par les
» vaisseaux de cette Ville allant au service du Grand
» Seigneur (1), pour lesquels il n'y a eu lieu de rien
» avancer, à cause que ni les uns ni les autres ne sont
» pas encore de retour de l'armée. Dès aussitôt qu'ils
» seront arrivés, je ne manqueray de faire mon possible
» à leur procurer la liberté, et de solliciter pour cet
» effet la Doane d'obliger le Chef d'Esquadre et les
» autres Capitaines à tenir la Capitulation sous la foy
» de laquelle ils se sont rendeus. Cependant, il semble
» que, pour le bien de l'affaire, il eût été à propos que
» vous vous fussiez donné la peine d'en faire écrire au
» Bacha et à l'Aga et Doane, à fin que, sous votre réqui-
» sition, je puisse agir plus efficacement, étant certain
» qu'ils feront peu d'état de mes sollicitations, si elles
» ne sont appuyées de votre autorité. Encore je crois·
» que sans argent nous avancerons bien peu. Il vous
» plaira donc me faire l'honneur de m'adresser vos let-
» tres par la première commodité qui se présentera, soit
» de Marseille en droiture, ou soit de Livourne; et (s'il
» se peut faire) quelque somme d'argent à laquelle les

Les autres lettres de M. Barreau, que nous citerons plus loin, sont de la même provenance.

(1) Dès le mois de février 1654, le Grand Seigneur avait envoyé l'ordre, à Alger, à Tunis et à Tripoli, de préparer leurs vaisseaux pour se joindre à sa flotte *(Gazette de France*, an 1654, p. 279). Comme d'habitude, ils avaient pillé tout le long de la route, et la *Sainte-Christine* était une de leurs prises.

» principaux de l'équipage ou ses parents contribuent,
» et s'y pourront taxer, à fin que, si nous ne pouvons
» retirer tout l'équipage, nous en ayons au moins les
» plus considérables. Agréez, Messieurs, que je vous
» dise que, la Doane ayant eu advis qu'en Espagne et
» Portugal, on y avait maltraité les corps de quelques
» Turcs après leur mort, il a ordonné que les corps de
» tous les Chrétiens, François, Espagnols, Italiens et
» autres, hors mis les Anglois et Flamans, seraient traî-
» nés par la ville à la queue d'un cheval, et ensuite
» bruslés; cette sentence a esté exécutée sur le corps
» d'un pauvre François, entre plusieurs autres, dont le
» corps à demi bruslé ayant été laissé sur la place, on
» trouva, le lendemain, son corps presque tout mangé
» par les chiens; nous n'avons pu veoir un tel spectacle
» sans horreur, et, n'y pouvant remédier moy seul, j'ay
» cru être obligé de vous en donner advis, à fin que
» vous en fassiez écrire à la Doane, lui représentant ce
» que vous jugerez à propos pour apaiser cette inhuma-
» nité; il me semble qu'il ne seroit pas mal à propos de
» tirer une foy ou certificat des forçats turcs qui sont
» sur les galères de la manière dont on traite les morts
» et encore les vivants dans l'hospital; je vous supplie
» donc très humblement, Messieurs, que, pour la charité
» que nous devons aux morts et pour l'honneur de la
» Nation, il vous plaise seconder nos bonnes et sainctes
» intentions, et de les appuyer de la force de vos recom-
» mandations. Elle vous en sera beaucoup redevable,
» et moy obligé à demeurer toute ma vie, Messieurs,
» votre très humble, très obéissant et très affectionné
» serviteur. »

En 1655, Ibrahim succéda à Ahmed, qui reprit le pouvoir en 1656 (1). M. Barreau avait un arriéré de plus de

(1) Il règne, à ce moment, une sorte d'obscurité sur ces remplace-

6,000 piastres, et ne cessait de demander secours à saint Vincent qui, ne pouvant presque rien faire pour lui, l'exhortait à la patience et à l'économie. Il lui recommandait tout particulièrement de ne plus se mêler de commerce, et de ne plus distraire de leur emploi les sommes qui lui avaient été adressées pour divers captifs (1); il se montrait bien dégoûté des Consulats d'Afrique (2), et assez mécontent de la gestion de celui d'Alger (3). Sur ces entrefaites, un marchand marseillais, nommé Fabre, tomba en faillite et se sauva en France, laissant un déficit de 12,000 écus. Le Pacha, au mépris des *Capitulations,* déclara le Consul responsable de la dette, et le fit mettre en prison. Il lui fallut donner 950 piastres pour recouvrer sa liberté. Il avait à peine eu le temps de respirer, qu'il se vit arrêter de nouveau, au sujet d'une autre faillite d'un négociant nommé Rappiot.

Cette fois, il fut traité avec une horrible barbarie. On le bâtonna presque jusqu'à la mort, et on lui enfonça des pointes sous les ongles. Vaincu par la douleur, il souscrivit un engagement de 2,500 piastres dont il ne possédait pas le premier sou. Les captifs se cotisèrent pour réunir cette somme, et obtenir ainsi la délivrance de leur bienfaiteur, qui n'en fut pas moins déclaré solidaire de Rappiot. Celui-ci s'était sauvé à Livourne sur un navire chargé des marchandises non payées. Aussitôt que saint Vincent de Paul fût instruit de ce qui s'était passé,

---

ments de Pachas; on est au prélude de la débâcle de 1659. Il semble ressortir des faits qu'Ahmed et Ibrahim conspirent l'un contre l'autre, et se succèdent au pouvoir, à la faveur d'émeutes de la Taïffe ou de la Milice.

(1) *Lettres de saint Vincent de Paul,* t. III, p. 303, 528, etc.

(2)   Id.   t. III, p. 156, 461, etc.

(3)   .   Id.   .   *passim.* « Voilà ce pauvre homme, qui, pour sortir de prison, est entré dans un autre engagement de 2,500 piastres, qui comble la mesure (III, 486). » Et, dans une lettre du 9 février 1657 : « Je ne sais à quoi ce bon homme songe. Il s'enfonce tous les jours dans un abîme de dettes, etc. »

il mit tout en œuvre pour faire cesser cette persécution : il dépêcha à Livourne le P. Philippe Le Vacher, avec ordre de mettre arrêt sur le navire et les marchandises du failli ; il expédia à Alger tout l'argent dont il pouvait disposer, et ordonna des quêtes pour la délivrance du Consul ; il excita le commerce de Marseille à intervenir en sa faveur ; enfin, il obtint du Roi un ordre de saisie et de vente au profit des créanciers de la banqueroute ; les Consuls et Viguiers de Marseille furent invités à prêter main-forte, et le Grand-Duc de Toscane fut prié de veiller à ce que rien ne s'égarât à Livourne (1). Nous reproduisons ici ces deux lettres de Louis XIV :

Lettre de Louis XIV au Grand-Duc de Toscane

« MON COUSIN,

» La banqueroute que le nommé Rappiot a frauduleu-
» sement faite à Alger pouvant causer la ruine de plu-
» sieurs de mes sujets qui s'y trouvent intéressés, j'y
» ay voulu apporter remède convenable en vous priant
» de faire saisir et arrêter les effets qu'il a à Livourne
» sur un vaisseau anglois, lesquels ont été remis au
» nommé Gascon pour en frustrer ses créanciers, et
» d'empêcher qu'il ne fasse rien divertir sous aucun
» prétexte sans votre ordre exprès. — Écrit à La Fère,
» le cinq juillet mil six cent cinquante-sept.

» *Signé :* LOUIS.

» *Contresigné :* DE LOMÉNIE. »

---

(1) Nous avons déjà vu que Livourne était un grand dépôt de marchandises de contrebande, de piraterie, et d'esclaves à vendre ou à racheter.

Lettre de Louis XIV aux Viguiers, Consuls et habitants
de Marseille.

« De par le Roy, Comte de Provence :

» TRÈS CHERS ET BIEN-AIMÉS,

» Nous avons été informés que le nommé Rappiot, qui
» a fait banqueroute à Alger, a voulu mettre à couvert
» quelques effets qui ont été pris par la galère garde-
» côte, et, comme nous voulons empêcher la ruine de
» plusieurs de nos sujets qui se trouvent intéressés dans
» cette banqueroute, nous vous faisons cette lettre pour
» vous dire que notre intention est que vous ayez à saisir
» et arrêter les effets à lui appartenant qui ont été pris
» par ladite galère, et que vous teniez soigneusement la
» main à ce qu'ils ne puissent être divertis, sous quelque
» prétexte et occasion que ce soit, jusqu'à nouvel ordre.
» Cy, n'y faites faute ; car tel est notre plaisir. — Donné
» à La Fère, le cinq juillet mil six cent cinquante-sept.

» *Signé :* LOUIS.

» *Contresigné :* DE LOMÉNIE. »

La Cour de France n'était pas restée insensible aux
affronts faits au Consul ; mais on était en guerre avec
l'Espagne, et il était de règle, dans ce cas-là, de ne pas
se brouiller avec les Barbaresques. Aussi, malgré les
efforts de saint Vincent, il ne fut pas demandé de réparation officielle ; on se contenta de déclarer que le Consulat d'Alger serait supprimé (1), et de préparer occulte-
ment une vengeance future (2). En même temps, le Roi

---

(1) Cette déclaration ne fut jamais suivie d'effet.
(2) C'est à ce moment que remontent les préparatifs de l'expédi-

autorisait secrètement le Commandeur Paul à se servir des forces qu'il avait sous la main pour tenter une surprise contre Alger. Celui-ci, naturellement amoureux des grandes entreprises (1) et désireux de gagner les récompenses offertes par la Congrégation (2) et par la ville de Marseille à celui qui détruirait le nid de pirates, armait activement à Toulon. Mais, pendant ce temps, M. Barreau, à peine sorti des embarras de la faillite Rappiot, s'était vu prendre à partie, de nouveau, pour les dettes d'un marchand grec, et, quelques jours après, pour la fuite du Gouverneur du Bastion, Picquet, le même qui avait été Consul intérimaire de 1640 à 1646 (3). Ayant eu connaissance des mauvais traitements exercés contre

---

tion de Gigelli. Il résulte du préambule d'une Relation de cette entreprise, adressée à M. de Vendôme, le 8 octobre 1664, que ce fut en 1658 que le Cardinal Mazarin donna l'ordre au Chevalier de Clerville de reconnaître les côtes de la Régence, pour y chercher un endroit favorable à une installation permanente. Celui-ci avait choisi Bône, Stora et Collo ; nous verrons plus tard comment on fut amené à débarquer à Gigelli. D'après M. Jal, Clerville n'aurait rempli cette mission qu'en 1661. (Ab. Duquesne, I, 237).

(1) Ce célèbre marin était Lieutenant-Général depuis 1653. Il était né, dit-on, en 1597, d'une lavandière du château d'If ; en tous cas, il dut être secrètement appuyé : car on le voit commander de bonne heure une galère de Malte, comme Chevalier de grâce, et occuper au service de l'État une situation bien méritée, mais qui lui fût difficilement échue, si quelque aide puissante ne fût intervenue. Il mourut en 1667.

(2) Saint Vincent de Paul lui faisait offrir 20,000 livres, à prendre sur les quêtes faites à Paris ; la ville de Marseille offrait de rembourser les vivres et munitions ; mais le Commandeur, qui n'avait pas d'argent, eût voulu qu'on lui avançât le tout, et on ne s'entendait pas à ce sujet. (Lettres de saint Vincent de Paul, t. III, p. 708 ; IV, p. 77, 96, 106, 111, etc.).

(3) « Marseille, le 29 octobre 1658. — « Le sieur Picquet, qui com-
» mandait dans le Bastion de France en Barbarie, sachant que le
» Gouverneur d'Alger devait envoyer mille hommes pour le con-
» traindre à payer le tribut qu'il lui rendait tous les ans, ou l'enlever
» avec son équipage, fit armer ceux qui pêchaient le corail, et char-
» ger si diligemment sur ses barques ce qu'il y avait de meilleur dans
» la place, avec cinquante Mores et ses soldats, qu'il eut le temps,

notre ambassadeur à Constantinople (1), il s'était cru
fort en danger, et recevant la nouvelle qu'Ibrahim (qui
venait de reprendre le pouvoir) allait diriger une expédition contre lui, il partit des Établissements, après avoir
tout incendié, en emmenant de force une cinquantaine de
Turcs ou Indigènes, qu'il vendit comme esclaves à Livourne, pour s'indemniser de ses pertes. Il y eut à Alger
une explosion de fureur ; les résidents français furent
maltraités ; leurs marchandises furent saisies en garan-
tie, et le Consul emprisonné de nouveau. En même
temps, la légèreté avec laquelle ce dernier s'était servi
de l'argent des rachats pour d'autres usages, excita à
Marseille une sorte d'émeute contre la Congrégation,
dont la maison fut envahie par une populace furieuse,
qui l'accusait d'avoir dissipé les fonds que la charité publique lui avait confiés pour l'usage des captifs (2). Saint
Vincent, tout décidé qu'il fût à remplacer M. Barreau le
plus tôt possible, ne l'abandonna pas dans le danger ; il
parvint à faire rendre aux Algériens les Musulmans enlevés, et le Roi écrivit au Pacha pour désavouer Picquet
et annoncer qu'il le remplaçait par Louis Campon (3).

» après avoir mis le feu partout, de rentrer à Livourne sur une de
» ces barques ; les autres sont arrivées ici le 25, avec cent cinquante
» soldats ou marins, qui racontent qu'on est parti si précipitamment,
» qu'on a laissé à terre les canons et le blé. » *(Gazette de France,*
1658, p. 1086).

(1) M. de la Haye venait d'être victime d'un attentat au droit des
gens. Il avait été frappé et enfermé au château des Sept-Tours.

(2) Saint Vincent de Paul écrivait, à ce sujet, à M. Get, Supérieur
à Marseille : « Il nous faut résoudre à subir de semblables confusions ;
» il nous en viendra d'autres, non seulement à Marseille, mais ici et
» partout ailleurs, par la faute de ce pauvre homme qui a été si étourdi
» que de prendre l'argent de ces pauvres captifs, et de l'employer in-
» discrètement à d'autres usages...... N'a-t-on point raison de s'en
» plaindre, et n'avons-nous pas sujet, par conséquent, de boire la
» honte qui nous revient de ces imprudences ? »

(3) Cette combinaison ne réussit pas, et le Bastion ne fut relevé
que plus tard, comme nous le verrons en temps et lieu, non qu'elle
n'agréât pas au Divan, mais à cause des troubles intérieurs.

Lettre de Louis XIV à Ibrahim-Pacha (1)

« ILLUSTRE ET MAGNIFIQUE SEIGNEUR,

» Ayant pourveu de la charge de Gouverneur et Consul
» du Bastion de France en Barbarie le sieur Louis Cam-
» pon, Écuyer, de notre ville de Marseille, pour rétablir
» cette place et son négoce, nous avons bien voulu vous
» écrire la présente pour vous dire que vous ne nous
» ferez pas un plaisir peu agréable de le favoriser de
» votre autorité et protection, et de ne souffrir qu'il lui
» soit fait, mis, ou donné aucun trouble ou empêche-
» ment quelconque, ains au contraire tout l'aide et pro-
» tection dont il aura besoin, comme nous ferions en
» pareil cas si nous y étions requis ; cependant, nous
» prions Dieu qu'il vous ait, illustre et magnifique Sei-
» gneur, en sa sainte garde.

» *Signé :* LOUIS. »

Pendant ce temps, M. Barreau, remis en liberté par les
Turcs, se trouvait dans un nouvel embarras. Il s'était
vu contraint par le Pacha à rendre les négociants chrétiens solidaires de Picquet, et il avait dû les obliger à se
cotiser, *au prorata* de l'importance de leur commerce.
Cette mesure, imposée par les circonstances, n'excita
d'abord aucune réclamation parmi eux ; mais, lorsque
la saisie qui avait été opérée en France, par les ordres de
Louis XIV, sur l'ancien Gouverneur du Bastion, permit
de les indemniser en partie, la discorde éclata, et le Consul fut accusé de faire d'injustes répartitions. Les Français se plaignirent qu'il eût favorisé un certain Benedetto

---

(1) Cette lettre fut portée à Alger par M. Rominhac, qui avait été
chargé du rachat et du rapatriement des Musulmans enlevés. Il fut
très bien reçu par le Divan.

Abastago, qui, disaient-ils, n'avait point été taxé au sujet de la rupture du Bastion, et ne devait point être remboursé, l'avanie qui lui avait été faite étant une affaire privée. Le commerce de Marseille donnait raison à ses marchands, et le Consul persistait à être d'un avis contraire. Ce fut pour lui une cause de longs ennuis et d'interminables discussions, dont nous retrouvons la trace dans les lettres suivantes (1) :

Lettre de M. Barreau à MM. les Consuls et Gouverneurs de la ville de Marseille.

Alger, le 5 août 1658.

« MESSIEURS,

» La présente est pour vous donner advis comme, sur
» le point que nous étions pour dépêcher la barque du
» Patron Lanfranc, le Bacha (2) m'a envoyé la lettre ci-
» incluse qu'il m'a commandé de vous adresser de sa
» part, par laquelle il désire être informé de l'état auquel
» se trouve un vaisseau, que certains marchans de cette
» ville ont vendu aux sieurs Ripert et Julien sous la cau-
» tion d'Antoine Rappiot, qui a fuy de ce pays et qu'on
» lui a rapporté se trouver dans Marseille, aussi bien
» que ledit vaisseau. Il vous plaira, Messieurs, de lui en
» donner réponse, tant pour sa satisfaction particulière,
» comme encore pour la sûreté du négoce, que pour la
» tranquillité de ceux qui sont obligés à demeurer dans

(1) Parmi ces lettres, s'en trouve une du P. Philippe Le Vacher, frère de l'ancien Consul de Tunis, Vicaire Apostolique à Alger. Saint Vincent de Paul avait obtenu sa nomination à ce poste, espérant avec raison que cet homme sagace et ferme serait utile à la France et au Consul. Il resta à Alger jusqu'en juillet 1662.

(2) Cette lettre du Pacha ne se trouve pas dans les Archives de la Chambre de commerce de Marseille ; elle a sans doute été envoyée à la Cour.

» ce pays. Je croy que ces raisons sont assez puissantes
» pour vous y obliger. En mon particulier, je vous seray
» redevable de mon repos, que je souhaiterois n'être
» interrompu que pour l'exécution de tout ce qu'il vous
» plaira me commander, comme à celuy qui est parfai-
» tement, Messieurs, votre très humble et très obéissant
» serviteur. »

Lettre de Philippe Le Vacher à MM. les Échevins et Députés du commerce de la ville de Marseille.

Alger, le 23 septembre 1659.

« MESSIEURS,

» L'accueil favorable et la bonne réception que m'ont
» faits les Turcs n'étant qu'un effet de votre recomman-
» dation, je me reprocherois continuellement mon in-
» gratitude, si je ne vous en remerciois.

» Je le fais donc par celle-cy autant que je le puis ; au
» reste, je suis obligé de vous avertir, selon l'ordre que
» vous m'en avez donné, que j'ay appris ici des Turcs.
» Juifs, Mores, de Monsieur Constant et de quelques
» autres Chrétiens ; je ne dis rien de Monsieur le Consul
» (qui, sans raisons, a été suspect à quelques-uns de
» votre place), que l'avanie disputée faite à Monsieur
» Benedicto est très véritable ; mais on ignore combien
» elle lui a coûté.

» Monsieur Martin aurait mieux fait, ce me semble,
» pour son honneur, de se taire, que par envye soutenir
» effrontément devant vous une fausseté qui, préjudi-
» ciant à Monsieur Benedicto, tache encore et noircit un
» Consul et des témoins qui, sans lui faire tort, sont
» aussi honnêtes et entiers que lui ; et puis, quel motif
» et raison aurait pu avoir, je vous supplie, Monsieur le
» Consul de dérober le bien desdits marchans pour le
» donner à Benedicto ? Peut-être quelque inimitié qu'il a

» contre eux ; ces Messieurs vous la peuvent découvrir ;
» quoy donc ? sa malice ; hé ! pourquoy lui confient-ils
» tant de biens ? Ce ne peut être que le profict. Il est vray
» qu'il y a participé ; mais ce sont les fers, les chaînes
» et l'horreur d'une prison qui ont été son partage, pour
» le même faict de la rupture du Bastion. Je ne doute
» point, Messieurs, que ces vérités ne vous portent à
» imposer silence à ces langues empestées qui ne se
» portent et ne se plaisent qu'à empoisonner et à empes-
» ter les personnes les plus sainctes et les plus incor-
» ruptibles. Je ne doute point d'ici que vous ne les
» croyez, puisqu'elles ne partent que d'une personne à
» laquelle vous pouvez ajouter autant de foy que je
» suis, avec affection, Messieurs, votre très humble et
» obéissant serviteur.

» Ph. Le Vacher,
» Prêtre indigne de la Mission,
» Vicaire Apostolique et général d'Alger. »

*Lettre de M. Barreau à MM. les Consuls et Gouver-
neurs de la ville de Marseille.*

Alger, le 23 septembre 1659.

« Messieurs,

» J'ay receu celle qu'il vous a plu m'écrire au sujet de
» l'avanye qui a été faicte au sieur Abastago en Alger, et
» qu'il a faict payer aux intéressés, dans son fondouk,
» par laquelle vous désirez savoir de moy si elle lui a
» été causée à l'occasion de la rupture du Bastion, ou
» bien si elle vient du faict particulier dudit Abastago ;
» sur quoy je vous supplie d'agréer que je vous dise,
» Messieurs, ingénuement et sans passion, et comme
» une personne tout à faict désintéressée, que l'avanye
» dont il est question est très véritable et qu'elle ne lui

» est effectivement provenue que de la rupture dudit
» Bastion, quoy qu'on vous ait voulu dire au contraire ;
» et ce ne me seroit pas une chose fort difficile de vous
» le prouver, tant par la circonstance du temps auquel
» son bateau lui fut saisi, ses mariniers mis à terre,
» le sieur Constant et moy mis prisonniers, et que la
» Doane (1) dépescha deux frégates, l'une à Bône, l'autre
» à Collo, pour apporter en cette ville les sieurs Estrasse
» et Granger qui passoient sur la petite barque, que par
» l'arrestement de tous les François francs, du nombre
» desquels était celuy qui vous a voulu donner à entendre
» que ladite avanye est fausse ; qu'il ne me soit venu
» solliciter d'aller prier le Seigneur Calil, Boulouk-Bachi,
» pour lui obtenir son congé et aux autres François,
» outre que les lettres que la Doane et le Bacha vous
» ont écrit sur ce sujet, témoignent assez que tout ce
» qui nous est arrivé en cette ville n'a été qu'à l'occasion
» de la rupture dudit Bastion, aussi bien qu'audit Abas-
» tago : autrement quel sujet aurait eu la Doane de se
» porter dans ces extrémités ? Et qui l'auroit obligée de
» vous écrire que nous étions tous arrêtés, jusqu'à ce
» qu'on lui renvoyât les personnes que Picquet avait
» enlevées du Bastion ? Et pourquoy tant de lettres et de
» réponses qui ne parlent aucunement du faict particu-
» lier dudit Abastago ? Il y a de l'apparence, si cela était
» ainsi, qu'on en eût faict quelques plaintes. Mais, par
» tout ce qui s'est passé, on n'en saurait concevoir le
» moindre ombrage ; au reste, il est sorti d'Alger avec la
» licence de la Doane ; personne ne s'est opposé à sa
» sortie. Il n'y avoit que moy seul qui aurois eu sujet
» de l'arrêter, à l'occasion d'une somme de 622 piastres
» qu'il me devoit, laquelle, toutes fois, je me suis con-
» tenté de prendre à Marseille, le voyant dans l'impuis-
» sance de me pouvoir satisfaire, à cause de la dépense
» qu'il lui avoit convenu faire pour obtenir le relaxement

(1) Le Divan.

» de son vaisseau. De vous dire, Messieurs, les sommes
» qu'il a payées pour cela, c'est ce que je ne puis sans
» me rendre téméraire, d'autant que lorsque cette affaire
» se négocioit, j'étais à la prison, où Benedetto Abastago
» nous est venu voir souvent, pour prendre le conseil le
» plus expédient pour ceux à qui l'affaire touchoit; mais
» si vous faites réflexion qu'Alger est le lieu où les ava-
» nyes sont plus fréquentes qu'en lieu du monde, il ne
» sera pas beaucoup difficile de croire celle dont il est
» question. Je n'en ay que trop d'expérience, vu que
» depuis quinze ans que je suis en cette ville, j'en ay
» souffert pour plus de dix mille écus. Celle qui m'a été
» causée à l'occasion de la faillite de Rappiot ne m'est
» encore que trop récente, aussi bien que les coups de
» bâton que j'ay souffert, et Martin même, qui cause le
» scrupule dans lequel vous êtes, ne peut pas dénier
» qu'il ne soit sorti d'Alger qu'à l'occasion d'une avanye
» qui lui fut faicte, dans laquelle on lui enleva trois ou
» quatre barils d'eau-de-vie, dont il en a faict assez de
» bruit. C'est une chose étrange que, pour nuire et pré-
» judicier à autre, il se soit oublié de ses propres inté-
» rêts, et porté jusqu'à cette extrémité de soutenir que
» Abastago n'a rien payé. Hé! comment le peut-il assu-
» rer? A-t-il été toujours attaché auprès de lui pour l'ob-
» server? Et comment est-ce que cinq autres personnes
» connues dans Marseille assurent le contraire comme
» témoins oculaires? Si on n'ajoute pas foy à des per-
» sonnes qui ont prêté le serment devant les personnes
» establies pour rendre la justice à qui il appartiendra,
» il n'y a plus de raison de les maintenir en cet employ
» ni avoir aucune confiance en eux; depuis le temps que
» j'exerce la charge de Consul en cette ville, je ne croy
» pas que l'on aye révoqué en doute la moindre écriture
» passée en notre Chancellerie, ayant toutes passées par
» mes mains, et c'est ce qui m'afflige d'autant plus que
» l'on veuille plutôt ajouter foy à la déposition d'une
» personne particulière, envyeuse et jalouse du bien

» d'autruy, qu'à l'attestation que j'ay misé au bas de
» celle du sieur Abastago. J'espère de vos bontés, Mes-
» sieurs, que vous ne permettrez pas qu'il me soit faict
» un si sensible outrage ; que sy bien je ne vous puis
» pas spécifier au vray la somme à quoy monte ladite
» avanye, cela n'empêche pas qu'il n'en ait payé une
» bien considérable, puisque nous savons de science
» certaine qu'il a débarqué plus de septante quintaux
» de cire de son vaisseau, et qu'aujourd'huy il a encore
» deux caisses de plumes engagées pour 1,200 piastres
» dont il en paye (ou celuy qui fait ses affaires) trois
» pour cent par mois de change.
 » Je sais fort bien, et plusieurs autres avec moy, à qui
» cette somme a été distribuée. Mais l'état où (1) elles
» sont aujourd'huy me dispense de les divulguer, pour
» le risque que nous courons de tomber entre leurs
» mains. Je vous demande très humblement pardon de
» la prolixité de la présente, mais j'ay dû rendre ce
» témoignage à la vérité, pour m'acquitter de ce qu'il
» vous a plu savoir de moy, qui n'ay d'autres desseins
» que d'en faire une particulière profession, avec autant
» de passion que je suis, Messieurs, votre très humble
» et très obéissant serviteur. »

Lettre de M. Barreau à MM. les Consuls et Gouver-
neurs de la ville de Marseille.

Alger *(sans date).*

« MESSIEURS,

 » J'ay receu les lettres que vous avez adressées à l'Aga

(1) La révolution de 1659, dont nous allons parler tout à l'heure,
était accomplie, et Baba-Khalil était au pouvoir. C'est à lui que M.
Barreau fait allusion

» et Doane de cette ville, ensemble celle qu'il vous a plu
» me faire l'honneur de m'écrire, à laquelle répondant,
» agréez, s'il vous plaît, que je vous dise, Messieurs,
» que j'ay rendu en mains propres de l'Aga lesdites let-
» tres, en la présence du Bacha et des vingt-quatre Aga-
» Bachis, qui en ont été fort satisfaists, et de ce que vous
» y témoignez le déplaisir que vous avez eu de l'action
» que François Picquet a commise en l'enlèvement qu'il
» a faict contre le droict des gens, des Turcs et Mores
» qui y étoient sous la foy du négoce, comme aussi des
» diligences que vous avez faictes pour le recouvrement
» de ceux qui ont été enlevés à Livourne, desquels vous
» leur faictes espérer le retour, aussi bien que de celuy
» que vous avez eu la bonté de renvoyer par avance (1).
» Ils le seront encore davantage, quand ils entendront
» la punition de ceux qui ont trempé en cette malheu-
» reuse action, qui a porté un si grand obstacle, tant au
» négoce de cette ville qu'à la liberté de tant de pauvres
» misérables qui gémissent sous le poids de leurs fers
» et des travaux qui sont presque insupportables.
» Quoyque votre lettre ait été de très grande efficacité
» pour le rétablissement de toutes choses, et qu'elle ait
» été comme le sceau qui les ait toutes perfectionnées,
» je vous diray toutes fois, Messieurs, que, dès aupara-
» vant de l'avoir reçue, déjà la Doane m'avait donné la
» licence de renvoyer les marchands françois francs qui
» avaient été arrestés à l'occasion de la rupture du Bas-
» tion, comme encore les esclaves rachetés, en payant
» les droits ordinaires des portes; par où vous voyez
» que la Doane a un pareil sentiment que vous. Je veux
» dire qu'ayant procédé à Marseille contre les complices
» en cette action, avant les plaintes de la Doane, ainsy
» elle a consenti à l'élargissement de tous les François

---

(1) Les Turcs et les Maures enlevés par Picquet avaient été rachetés par les soins de la France, et renvoyés à Alger, pour apaiser la
juste émotion qu'avait causé cet attentat au droit des gens.

» arrestés avant votre demande, de sorte que je ne vois
» plus d'apparence de défiance ni sujet de plaintes de
» part ni d'autre pour ce sujet. C'est pourquoy ceux qui
» auroient dessein de passer ici en cette ville, tant pour
» y négocier que pour racheter les esclaves, n'en doivent
» plus faire aucune difficulté, la Doane ayant trouvé bon
» de me concéder de nouvelles lettres que j'ay deman-
» dées pour ce sujet. C'est de quoy je vous supplie d'en
» faire donner avis où besoin sera, et que vous le juge-
» rez à propos, afin que le commerce se puisse rétablir
» comme auparavant. Tous les pauvres Chrétiens vous
» font cette demande par ma bouche.

   » Je vous rends mille actions de grâce des sentiments
» que vous avez eu de mes souffrances passées et des
» témoignages que vous en avez rendus à la Doane.
» J'espère que ce sera le premier pas de ma tranquillité
» en cette ville, à laquelle je vous supplie de tout mon
» cœur de vouloir de temps en temps contribuer par un
» mot de recommandation de votre part. Le public ne
» vous en sera pas moins redevable que moy, qui fais
» gloire de prendre le titre glorieux de, Messieurs, votre
» très humble, très obéissant et obligé serviteur. »

Lettre de M. Barreau à MM. les Consuls et Gouver-
neurs de la ville de Marseille.

Alger, le 26 novembre 1659.

   « MESSIEURS,

   » J'ay receu avec tout le respect qui m'a été possible
» celle qu'il vous a plu m'écrire par le Révérend Père
» Héron (1), en vertu de laquelle je n'ay manqué lui

---

(1) Le P. Héron de Villefosse ; il a laissé la relation de son voyage :
Le miroir de la charité chrétienne, Aix, 1663, in-12. La *Gazette de*

» rendre tous les services, non pas tels que je l'aurois
» bien désiré, mais au moins tels que le temps et le lieu
» me l'ont permis, ainsi que ledit Révérend Père vous
» pourra dire de vive voix. L'heureux succès de sa
» Rédemption vous fera connaître la sincérité du Sei-
» gneur Calil et de la Doane, qui lui ont rendeu autant de
» protection et de civilités que vous vous en êtes promis
» sur la confiance que vous avez eu des lettres que je
» me suis donné l'honneur de vous écrire de leur part
» pour la liberté du commerce, dont vous avez eu les
» preuves. Et pour vous confirmer de plus en plus en
» cette bonne correspondance, ledit Seigneur Calil m'a
» ordonné de vous donner avis de la justice qu'il a exer-
» cée contre un capitaine et les principaux d'un vaisseau
» corsaire de cette ville, lequel ayant rencontré une bar-
» que qui retournoit de cette ville à Marseille, a eu la
» témérité d'entrer dedans et de traiter l'équipage et les
» passagers comme ennemis ; et sur la plainte que j'en
» fis audit Seigneur et à la Doane, a faict mettre ledit
» capitaine à la chaîne dans le château, et, au premier
» jour de Divan, lui a faict donner du baston, et aux
» Boulouks-Bachis, pour n'avoir pas empêché les mau-
» vois traictements du Capitaine. Et de plus, m'ont
» faict rendre un capot qui fut pris sur ladite barque,
» et ayant faict instance de quelque argent que l'on dit
» avoir été pris, ne s'étant pas pu vérifier, on n'a pas
» passé plus avant. Cette sorte de satisfaction est une
» marque assez suffisante du bon désir qu'ils ont d'en-
» trètenir la liberté du commerce, dont plus de cent
» personnes qui passent sur ce vaisseau vous pourront
» donner les assurances ; à quoy je me remets, en vous
» protestant que je fais une particulière profession d'être,
» toute ma vie, de cœur et d'âme, avec sincérité, Mes-
» sieurs, votre très humble et très obéissant serviteur. »

France rend compte de son retour et du rachat de captifs opéré par lui (an 1660, p. 264).

Cependant une véritable révolution venait d'éclater à Alger. On a pu voir, dans le cours de cette histoire, combien l'autorité du Grand Seigneur y était peu respectée ; les Pachas qu'il y envoyait ne cherchaient même pas à se faire obéir, certains d'avance de l'inutilité de leurs efforts, et n'aspiraient qu'à s'enrichir, pour revenir, le plus tôt possible, à Constantinople. Par cette conduite, ils avaient perdu toute influence et toute considération. Sans cesse ballottés entre les exigences de la Taïffe, celles de la Milice ou de la populace, ils s'efforçaient de ménager tout le monde, tremblant sans cesse pour leurs têtes et pour leurs trésors, qu'ils cherchaient à accroître rapidement, et auxquels ils ne touchaient que pour acheter ceux qu'ils croyaient avoir à craindre. Tout le monde était mécontent d'eux : les Turcs de race n'étaient pas satisfaits du peu d'obéissance qu'on portait au Sultan ; les Reïs se voyaient à regret ravir le huitième de leurs parts de prises ; les Baldis se plaignaient de la diminution du commerce et de la disparition des étrangers dont le nombre se raréfiait de jour en jour devant les avanies et la mauvaise foi des Pachas ; les Janissaires, humiliés, se rappelaient le temps où ils étaient, de droit et de fait, les véritables souverains, et proposaient hautement de revenir aux anciennes coutumes. La crise était à sa période aiguë, quand la cupidité d'Ibrahim en détermina le dénouement.

Il venait de recevoir avis de son remplacement par Ali Pacha (1), et s'était empressé d'expédier deux cent mille piastres à Constantinople. Le fait n'avait rien d'insolite, et fût probablement passé inaperçu, si le trop cupide Ibrahim n'eût émis la singulière prétention de prélever la dîme sur l'argent que la Porte avait envoyé aux Reïs pour les décider à rejoindre la flotte ottomane, al-

---

(1) On ne sait pas au juste ce que devint Ali. Peut-être fut-il tué pendant l'émeute, ou se sauva-t-il en Turquie ; en tous cas, il disparut.

léguant que, pendant qu'ils étaient en guerre, ils ne faisaient pas de *prises de commerce* et qu'il en résultait pour lui un dommage dont il était juste de lui tenir compte. Cela combla la mesure : il fut saisi, emprisonné, et menacé de mort. Le Boulouk-Bachi Khalil, qui s'était mis à la tête de l'émeute, réunit le Divan, et y fit solennellement prononcer la déchéance des Pachas, auxquels il fut permis de résider à Alger et d'y représenter le Sultan (1); mais on leur interdit de se mêler en quoi que ce fût du gouvernement, qui dut être réservé au Divan, présidé par l'Agha de la Milice. A proprement parler, ce n'était qu'un retour à l'ancienne Constitution de l'Odjeac, telle qu'elle avait été fondée, par les premiers Janissaires Turcs, après la soumission d'Alger à la Porte ; elle est très peu connue, et il est nécessaire d'en dire ici quelques mots.

Tout d'abord, la population ne comptait pas. Elle était régie sous l'axiome de l'ancien droit barbare : «*La personne et les biens du vaincu appartiennent au vainqueur.* » Il en résulte que tout ce qu'on lui laisse est pure générosité, et qu'elle est *taillable et corvéable à merci.* Seul, le vainqueur, le Turc, a tous les droits. C'est sur cette première base que les Ioldachs de 1520 avaient fondé la singulière *démocratie militaire* qui subsista jusqu'en 1830, non sans secousses, mais sans altération sensible.

Les Janissaires étaient tous égaux entre eux, quel que fût leur grade, qui ne donnait de pouvoir que *dans les rangs,* et qui ne s'acquérait qu'à l'ancienneté. Ils pouvaient, à l'exclusion de tous autres, occuper toutes les charges et tous les emplois, dont leurs fils eux-mêmes, aussi bien que les Indigènes, étaient sévèrement exclus. Ils gouvernaient souverainement par les plus anciens

(1) Comme Alger ne tenait plus aucun compte des ordres du Sultan, et cela, depuis longtemps, on ne peut attribuer cette déférence qu'à un reste de respect religieux.

d'entre eux, qui se réunissaient à la fin de chaque *lune,* en une assemblée qui porta le nom de *Divan;* les décisions se prenaient à la majorité des voix; le Pacha lui-même, lorsqu'il y était admis, ne pouvait pas émettre de vote prépondérant. Dans les grandes occasions, tous les Janissaires se réunissaient en *Cour plénière;* on y votait par acclamation : c'était le *Grand Divan,* et il était interdit, sous peine de mort, de s'y introduire en armes. Les délibérations étaient transcrites sur des registres (1) qui étaient déposés au Trésor public.

Le Corps se recrutait en Turquie, et principalement dans l'Asie Mineure, dont les populations pauvres fournissaient un contingent inépuisable. La solde était faible; l'homme de recrue n'avait droit qu'à un pain de 20 onces par jour, et à 3 fr. 60 par mois ; peu à peu, sa situation s'améliorait, et, au bout de cinq ans environ, il arrivait à la *haute paye (saksan)* de 0 fr. 50 par jour (2). C'était un *maximum*, et le grade n'y changeait rien. Il est vrai que le Ioldach pouvait compter sur des gratifications, lors du Beïram, de la nomination d'un nouveau Pacha, et dans quelques autres occasions extraordinaires. En outre, la vie matérielle ne lui coûtait pas cher; en temps de mahallah (3), il vivait sur l'Indigène, et, à Alger, bien hardi eût été le Maure ou le Juif qui eût osé refuser quelque chose à l'*illustre et magnifique seigneur;* tel était le titre dont se parait le *bœuf d'Anatolie* (4), le lendemain du jour où on avait tatoué sur sa main gauche le numéro de son Odjeac. Les huit plus anciens Janissaires étaient d'abord nommés *Solachis*, et

---

(1) Le célèbre orientaliste Venture de Paradis a vu ces registres; il en a traduit la partie relative à l'expédition de Charles-Quint (1541). Ils ont, sans doute, été soustraits ou détruits en 1830, au grand détriment des études algériennes.

(2) Exactement : 186 fr. 60 par an.

(3) Tournée pour le recouvrement de l'impôt.

(4) C'est sous ce sobriquet qu'était désigné le Turc de recrue, jusqu'au moment de son incorporation.

3

formaient la Garde d'Honneur du Pacha ; de là, ils devenaient *Peïs* (1), puis *Oukil hardjis* (2), *Odabachis* (3) et *Boulouk-Bachis* (4). Les vingt-quatre plus anciens *Boulouk-Bachis* étaient *Aghabachis*. Le plus ancien d'eux passait *Kiaya,* ou Commandant Supérieur ; après deux mois de ce pouvoir, il devenait *Agha,* ou Capitaine Général de la Milice, pendant deux autres mois ; après ce temps, il prenait le titre de Mansul-Agha (5), qu'il portait jusqu'à sa mort. Dès lors, il ne pouvait plus exercer de commandement, et vivait où il voulait, de sa haute paye ; mais il était de droit membre du Divan, et pouvait prétendre à toutes les charges civiles. En fait, le Gouvernement d'Alger se composait donc du Conseil des Mansul-Aghas, présidé par l'Agha de la Milice, et du Pacha, exerçant le pouvoir exécutif. Avant d'entrer en charge, celui-ci devait jurer devant le Divan de respecter les lois et coutumes, de veiller sur le Trésor public, et de faire bonne justice à tous. Tel avait été établi l'Odjeac par les anciens soldats Turcs sur la base d'une égalité absolue.

Mais, peu à peu, les Pachas envoyés par la Porte avaient cherché à usurper sur le pouvoir du Divan. Plusieurs d'entre eux avaient failli payer de leurs têtes cette tentative ; mais l'habileté de Kheïr-Ed-Din, d'Hassan-Pacha, de Sala-Reïs et d'Euldj-Ali, les immenses trésors dont ils disposaient, et surtout l'astuce avec laquelle ils avaient su profiter de la discorde des Reïs et des Janissaires, avaient insensiblement augmenté le pouvoir dont les successeurs de ces grands capitaines n'avaient su qu'abuser. La Révolution de 1659 ne fut donc qu'une revanche de la Milice contre la Taïffe des Reïs, et un retour aux errements du passé, avec cette modification

---

(1) Il n'y en avait que quatre. Ils commandaient aux Chaouchs.
(2) Officier de détail.
(3) Lieutenant.
(4) Capitaine.
(5) *Mansul* signifie *privé de sa charge.*

que l'Agha de la Milice remplaçait le Pacha au pouvoir exécutif.

Tout cela s'était passé avec plus d'ordre et moins de violences qu'on n'eût pu le supposer. Les résidents étrangers espéraient que leur sécurité y gagnerait, et que la piraterie venait de recevoir un coup mortel: ils se trompaient; elle était fatalement nécessaire à l'existence d'Alger; car tout État qui a une grosse armée à entretenir, et qui n'a ni commerce, ni industrie, ni agriculture, est forcé de vivre aux dépens de ses voisins. Mais M. Barreau était tout confiant, et rendait compte du mouvement en ces termes : « Ce mois de juin, la Doane, con-
» tinuant toujours dans les mêmes dispositions qu'elle
» a prises de maintenir la correspondance avec les païs
» étrangers, et particulièrement avec Marseille, s'étant
» faicte informer, tant de ses propres sujets que de mar-
» chans chrétiens et autres, des raisons pourquoy son
» port semblait abandonné, aussy bien que le païs de sa
» domination, et luy aïant été représenté que la trop
» grande autorité qu'elle a laissé prendre aux Bachas
» qui viennent de la Porte du Grand Seigneur leur don-
» noit occasion de faire beaucoup d'extorsions et ava-
» nyes, c'est pour quoy elle se seroit résolue, pour le
» bien et avantage de tous, d'abolir entièrement cette
» autorité démesurée qu'elle s'étoit imposée, et, pour cet
» effet, auroit interdit et défendu à celuy qui est de pré-
» sent en charge de ne se mêler de quoy que ce soit, etc. »

En effet, le Divan avait reçu avec faveur les réclamations du commerce, s'était fait lire le cahier de leurs demandes, et avait accordé un nouveau tarif de douane et une diminution des droits, le tout inscrit au Registre des Délibérations. Cette accalmie ne dura pas longtemps. D'un côté, la Cour de France n'accorda aucune foi aux bonnes dispositions du Divan; le chevalier de Valbelle continua à harceler les Reïs, et le commandeur Paul à compléter ses armements; de l'autre, l'anarchie ne tarda pas à régner à Alger. Khalil, qui, en sa qualité de chef de l'insurrection, s'était fait proclamer Agha, viola, le premier, la nouvelle Constitution, en cherchant à s'éterniser dans sa charge; les Mansul-Aghas le massacrèrent et lui donnèrent pour successeur Ramdan, qui vécut en paix avec la Milice, eut l'habileté de se faire proroger par elle, et donna à la Course un développement formidable.

Les provinces de l'Est étaient en pleine insurrection : le Bastion étant détruit, les Indigènes refusaient l'impôt (1), et la Kabylie, depuis l'embouchure du Sebaou jusqu'à Bougie, reconnaissait comme Émir indépendant Si Ahmed ben Ahmed, qui résidait à Tamgout.

Avant la mort de Khalil, le Consul s'était vu en butte à de nouvelles persécutions, dues aux prises faites sur les côtes de France et d'Espagne par les Chevaliers de Malte. Il était parvenu à apaiser la colère de l'Agha, et avait sollicité d'Ismaïl-Pacha, qui venait d'arriver à Alger, une lettre favorable au commerce; celui-ci l'avait donnée d'autant plus volontiers que, n'ayant aucun pouvoir, elle ne l'engageait absolument à rien. Nous reproduisons ici ces deux pièces :

Lettre de M. Barreau à MM. les Consuls et Gouverneurs de la ville de Marseille.

Alger, le 2 juin 1660.

« MESSIEURS,

» Il y a quelques jours qu'il court un bruit dans Al-
» ger que les vaisseaux de Monsieur le chevalier de Val-
» belle (2) ont pris celui du capitaine Benedetto Abas-

---

(1) Nous avons vu, dans les études précédentes, que le même fait se reproduisait infailliblement dans les mêmes circonstances.

(2) On lit dans la *Gazette de France*, sous la rubrique du 30 mars

» tago, allant à Livourne, dont le Seigneur Khalil, notre
» Gouverneur, ayant pris l'alarme, m'envoya aussitôt
» mander pour savoir ce qui en étoit; mais, comme il
» n'eut pas la satisfaction qu'il désiroit, il m'ordonna de
» vous écrire la lettre qui vous sera rendue, laquelle je
» ne luy ay pu refuser, pour être ici notre souverain, à
» laquelle, toutefois, je vous supplie de donner telle
» croyance que vous jugerez raisonnable, et vous de-
» mande excuse si je vous demande quelque chose en
» faveur dudit Benedetto qui ne soit pas en votre dispo-
» sition; vous protestant ne l'avoir fait que pour com-
» plaire audit Seigneur Khalil, à cause d'intérêts qu'il a
» sur le vaisseau dudit Benedetto, duquel, à présent, il
» court un autre bruit, que luy-même est allé à Ville-
» franche de son bon gré. Dans cette incertitude, j'ay
» pris la liberté de vous supplier, Messieurs, comme je
» fais très humblement, de me vouloir faire la grâce d'un
» mot d'avis, comme le tout se sera passé, afin que je
» puisse me mettre à couvert du trouble dont je suis me-
» nacé, ayant même déjà couru le bruit que l'on me met-
» troit prisonnier jusqu'à ce qu'on eût relaxé le vais-
» seau dudit Benedetto, ce qui apporteroit sans doute
» quelque préjudice au peu de négoce qu'il y a en cette
» ville, outre que quantité de pauvres esclaves trouve-
» roient leur liberté fort retardée. J'attends cette faveur
» de vos bontés, qui m'obligera à me dire avec passion,
» Messieurs, votre très humble et très obéissant servi-
» teur.

1660 : « Le 24 de ce mois, le vaisseau et la frégate du chevalier de
» Valbelle arrivèrent aux îles d'Hyères avec un Corsaire d'Alger,
» qu'ils avaient enlevé vers les îles de Mayorque. Ils rapportèrent
» que les sieurs Saintot et Cyprien y étaient allés faire radouber
» leurs vaisseaux grandement endommagés d'un combat qu'ils avaient
» soutenu, huit heures durant, contre sept Corsaires de la même
» ville d'Alger, où plus de 400 Turcs étaient demeurés, et ledit
» Saintot aurait reçu une mousquetade au bras, etc. » (Gazette de
France, an 1660, p. 320).

» Si vous agréez de faire réponse à l'autre lettre, vous
» m'obligerez extrêmement, et contribuerez à notre re-
» pos et à l'entretien du négoce, étant certain que ledit
» Seigneur Khalil n'agira que suivant ce que vous lui
» pouvez écrire sur le faict dudit Benedetto. »

*Lettre d'Ismaïl-Pacha aux Consuls et Gouverneur de
la ville de Marseille.*

« MESSIEURS,

» Le grand désir que nous avons de rétablir doréna-
» vant la bonne intelligence que nous avons eue de tout
» temps avec vous, pour ce qui regarde le commerce,
» nous a fait prendre résolution de vous en donner des
» témoignages par la présente que nous avons bien
» voulu vous écrire, par laquelle nous vous assurons
» que tous les François en particulier, et quelques au-
» tres nations que ce soyent, qui auroient dessein de
» trafiquer avec nous, seront toujours les très bien ve-
» nus et receus dans les ports et places dépendants de
» notre domination, auxquels nous promettons par les
» présentes qu'il ne sera faict aucun déplaisir ni avanyes
» pour quelque cause et occasion que ce soit, ains au
» contraire toute aide, faveur et assistance, et, partant,
» qu'ils peuvent y venir en toute sûreté, soit pour le né-
» goce, soit pour la traicte des esclaves, et qu'il leur
» sera gardé une foy inviolable, ainsi que nous ordon-
» nons à ceux qui sont établis par nous aux comman-
» dements desdites places, et pour assurance de ce, nous
» avons mis et posé sur les présentes nos sceaux ac-
» coutumés (1). »
« Nous, Jean Barreau, Consul pour la Nation Fran-
» çaise au Consulat de cette ville d'Alger et côtes de

---

(1) Cette pièce est, en effet, timbrée du sceau du Pacha.

» Barbarie, certifions et attestons la traduction ci-dessus
» être conforme à son original.

» En foy de ce, nous sommes soussignés.

» Faict en Alger, le neuvième jour du mois de février
» mil six cent soixante-un.

» *Signé :* BARRÉAU, Consul. »

Ce fut le dernier acte consulaire de M. Barreau. Saint
Vincent de Paul était mort, le 27 septembre 1660 ; dès 1658,
il avait désigné, comme Consul futur d'Alger, le F. Dubourdieu (1), qui y fut envoyé par M. Alméras, son successeur. Celui-ci y arriva en 1661, juste à temps pour
assister au meurtre de Ramdan, qui fut remplacé par
Chaban-Agha (2).

La Course continuait avec acharnement. Marseille es-
timait ses pertes à plus de quatorze cent mille écus (3) ;
les croisières du duc de Mercœur et du commandeur
Paul n'y faisaient rien : les Reïs avaient pris l'habitude
de ne plus naviguer qu'en escadre. L'amiral anglais se
voyait refuser, à Alger et à Tunis, la liberté de ses concitoyens, dont on lui demandait cent rixdales par tête (4).
Livourne faisait savoir que la dernière saison coûtait à

---

(1) Jean-Armand Dubourdieu, né à Garos (Landes), entré dans la
Congrégation en 1644.

(2) D'après le *Miroir de la Charité Chrétienne* (déjà cité), Ramdan
fut assassiné, le jour de la saint Laurent (10 août) 1661 ; *son successeur fut Chaban-Aga, renégat portugais, homme prudent, mais suivant
la chair.* D'Aranda raconte que Ramdan fut tué, avec 28 de ses
partisans, pour avoir voulu s'adjuger une part de prise trop forte :
les cadavres furent jetés aux chiens. La Milice fit ensuite sortir de
prison et élut l'ancien Pacha Ibrahim, dont le premier acte fut de
vouloir faire égorger Chaban, qui le fit maçonner entre quatre murs.
(Relation, déj. cit., p. 155.)

(3) *Gazette de France,* 1661, p. 56.

(4) Edward Montague, premier Comte de Sandwitch. (Voir la *Gazette,* 1661, p. 265, et la *Relation* de d'Aranda, p. 157.)

l'Italie plus de deux millions de livres et cinq cents hommes pris par les Algériens (1). Le duc de Tursi, Grimani, Ruyter, le marquis de Créqui, le commandeur Paul tenaient la mer, et faisaient tous leurs efforts pour arrêter les progrès du mal. Le chevalier de Valbelle débarquait à l'improviste, et enlevait cinq cents hommes, qui allaient grossir la chiourme de Malte (2). Le comte de Verüe s'embarquait hardiment dans une petite crique voisine d'Alger, et s'emparait, à la pointe du jour, d'un navire sur lequel il trouvait *quatre gentilshommes Maures et le neveu du Pacha, dont on lui offrait 25,000 rixdales de rançon* (3). A la suite de cet événement, les Algériens construisaient les bordjs Ras-Tafoural et Mers-ed-Debban. La flotte anglaise et l'escadre de Gênes croisaient dans les mers Barbaresques, commandées par Montague et Centurione. Tout cela ne semblait pas intimider les Reïs, dont l'escadre, forte de trente vaisseaux, amarinait, pendant l'automne de 1661, douze bâtiments anglais, neuf hollandais, et douze français ou italiens (4). Après le meurtre de Ramdan, le Divan avait décidé *qu'on ne ferait plus de traités avec les Chrétiens;* mais, tout en faisant cette bravade, il demandait du secours à la Porte, voyant toute l'Europe en armes contre lui (5). Le duc de Beaufort, pendant le printemps de 1662, enlevait une vingtaine de vaisseaux corsaires; au même moment, de violentes tempêtes et des tremblements de terre détruisaient le môle (6); onze vaisseaux et neuf prises coulaient bas dans le port. Ruyter profitait de l'émotion causée par cet événement, pour obtenir une trêve de huit mois (7). Sur ces entrefaites, la

(1) *Gazette de France*, 1661, p. 447.
(2)   —   — p. 56.
(3)   —   — p. 1153.
(4)   —   1662, p. 62, 215, 254.
(5)   —   — p. 393.
(6)   —   — p.
(7)   —   — p. 502, 504.

flotte anglaise, commandée par Montagu, comte de
Sandwitch, parut devant les côtes d'Afrique, où elle canonna, le 1er et le 2 avril, la ville de Bougie, après avoir
pris quatre vaisseaux en trois jours. De là, elle donna la
chasse à l'escadre des Reïs, qu'une tempête violente dé-
roba à son attaque; elle manœuvrait cependant de façon
à l'acculer à la rade d'Alger, qu'elle savait occupée par
Ruyter, mais elle ignorait qu'il venait de traiter avec
le Divan. Aussi, la surprise des Anglais fut-elle égale à
leur colère, quand ils virent les Reïs défiler impunément
sous le canon des Hollandais et entrer dans leur port (1).
Cet avortement d'une expédition bien commencée porta
Montagu à conclure avec les États Barbaresques une
paix peu avantageuse pour son pays; M. de la Guette,
dans une lettre adressée à Colbert, le 29 septembre 1662,
la qualifie d'*assez honteuse*.

Au mois d'octobre, les esclaves chrétiens, d'accord
avec les Berranis, tentèrent une révolte à main armée;
ils furent trahis et durement châtiés : un Dominicain, *qui
devait les introduire dans la citadelle,* fut empisé vif,
après avoir été torturé, sans avoir voulu nommer ses
complices (2).

Cependant, la France s'était décidée à occuper une position sur la côte, pour en faire une place d'armes contre la piraterie, et, dès 1661, Le Tellier (3) avait envoyé
en secret le chevalier de Clerville, ingénieur distingué,
en le chargeant de reconnaître l'endroit le plus favorable à une installation. Le 22 juin 1662, le Chevalier adres-
sait à Colbert un rapport, dans lequel il recommandait
Stora comme lieu de débarquement (4). Au printemps
de 1663, le commandeur Paul commença les opérations
par une brillante croisière, qui coûta une vingtaine de

---

(1) *Gazette de France,* 1662, p. 597.
(2)   —   —   p. 1202.
(3) *Relation* adressée, le 8 octobre 1664, à M. le Ch. de Vendôme.
(4)   —

navires aux corsaires; mais il ne put réussir à débarquer à Collo, à cause de la prudence exagérée de l'un de
ses capitaines, M. de Fricambault; les mauvais temps
survinrent, et il dut rejoindre l'escadre du duc de Beaufort. Celui-ci mouilla, le 2 août, devant Stora, où il put
faire de l'eau et des vivres frais sans être inquiété par les
Kabyles ; de là, il se dirigea, en faisant quelques prises,
sur Dellys et sur Alger, dont il voulait incendier la flotte
dans le port. Ses pilotes, soit par ignorance, soit par tra-
hison, prirent trop au large, faillirent perdre deux vaisseaux, et la flotte, qui eût dû être en position devant le
môle au milieu de la nuit, se trouva, le matin, à deux
lieues à l'ouest de la ville. Elle fut signalée, et la surprise
fut ainsi manquée. L'amiral se retira, après avoir pour-
suivi, à demi-portée de canon des forts, un vaisseau qui
était venu le reconnaître ; il en prit cinq autres, en allant
à Iviça, où une tempête le força de se réfugier.

Une peste terrible ravageait la Régence et gagna la
ville et la banlieue de Toulon; elle fit périr, à Alger seulement, plus de dix mille esclaves chrétiens et un grand
nombre d'habitants (1). Les Hollandais et les Anglais,
sous les ordres de Corneille Tromp et de l'amiral Lawson, protégeaient le commerce de leurs nationaux; par
représailles, le Divan fit charger de chaînes le consul
anglais Wenter, en lui réclamant un million d'écus d'or
d'indemnité pour les prises faites par Lawson (2).

Le Conseil Royal avait décidé l'occupation de Gigelli,
et les préparatifs avaient été faits pendant le printemps
de 1664. Le 19 juillet, le duc de Beaufort paraissait devant la côte de Barbarie, avec soixante bâtiments, dont
seize vaisseaux de guerre, douze navires, vingt-neuf barques de transport, et un brûlot; l'armée de débarquement était d'environ sept mille hommes, sous les ordres du comte de Gadagne. Le 21, la flotte mouilla

---

(1) *Gazette de France*, 1663, p. 439, 559, 737.
(2)   —   —   p. 1274, — et 1664, p. 649.

devant Bougie, et il fut, un instant, question de s'emparer de cette ville, qui se trouvait complètement dépourvue de défenseurs. C'était ce qu'il y avait de mieux à faire, à tous les points de vue, et l'on ne peut pas comprendre que les Chefs de l'armée aient cédé à l'opposition du chevalier de Clerville, qui fut le mauvais génie de l'expédition, depuis le commencement jusqu'à la fin. Le 22 au matin, on jeta l'ancre devant Gigelli, dont on reconnut les abords ; le lendemain, le débarquement fut effectué, et la ville prise après un combat assez vif. Dès le surlendemain, les Kabyles attaquèrent le camp, et les deux mois suivants s'écoulèrent en escarmouches journalières. Pendant ce temps, les Turcs sortaient d'Alger et faisaient demander le passage aux Indigènes. Ceux-ci, flottant entre la répulsion que leur inspirait le Chrétien et la haine séculaire qu'ils nourrissaient contre l'*Adjem* (1), étaient fort hésitants, et le Général eût pu, avec un peu plus de diplomatie, les faire pencher en sa faveur. Mais le désordre le plus complet régnait dans le commandement de l'armée ; on ne faisait rien d'utile, et le temps s'écoulait en stériles discussions et en vaines querelles. Le mal venait de Versailles, où les pouvoirs de chacun n'avaient pas été bien définis : Gadagne se considérait comme le maître absolu des opérations de terre, et, n'osant pourtant pas s'opposer ouvertement au duc de Beaufort, traduisait son dépit par le silence et l'abstention ; le Maréchal du camp La Guillottière, donnait ses ordres comme s'il n'avait pas eu de chef ; enfin, Clerville, véritable fauteur de toute cette anarchie, intriguait tantôt d'un côté, tantôt d'un autre, dépensant à cette funeste besogne le temps qu'il aurait dû employer à fortifier le camp. Ce personnage, qui avait été adjoint à l'expédition en qualité d'ingénieur en chef, et très probablement chargé d'une sorte de surveillance occulte,

---

(1) Surnom donné aux Turcs par les Indigènes. *Adjem,* signifie : *celui qui ne parle pas l'arabe* (Walsin Esterhazy).

espérait obtenir la concession des comptoirs de Stora et de Collo, où il voyait la source d'une immense fortune ; il avait fait partager ses rêves à M. de la Guillottière, et il l'entraîna dans l'opposition qu'il fit à toutes les mesures qui eussent sauvé la situation. Il avait déjà, en interprétant à sa façon les ordres royaux, empêché la descente à Bougie, que *Gadagne offrait de prendre en huit heures* (1) ; il avait négligé à dessein d'assurer les lignes, s'opposant même à ce que les autres officiers y fissent travailler, si bien que, le jour de l'attaque suprême des Turcs, plus de trois mois après le débarquement, les soldats n'étaient pas encore couverts à hauteur de poitrine, et que les vingt premiers coups de canon de l'ennemi détruisirent les ouvrages, ébauchés à peine (2). Enfin, après avoir répété cent fois que les retranchements étaient inutiles et que *les lavandières de l'armée suffiraient à défendre le camp*, il fut le premier à donner l'exemple de la démoralisation et à conseiller la retraite sans combat. Tout cela semble prémédité par lui, et l'on peut croire qu'il désirait voir échouer la tentative de Gigelli, dans l'espoir qu'elle serait reprise sur un des points où il espérait s'enrichir.

Cependant, les Turcs avaient obtenu le passage. Quelques présents aux principaux chefs, les prédications du marabout Sidi Mahmoud, sans doute chèrement achetées, la profanation d'un cimetière dont les matériaux servirent à la construction d'un petit fortin, amenèrent ce résultat. Les Janissaires arrivèrent, le 1er octobre, et, après quelques tiraillleries, attaquèrent, le 5, à quatre heures du matin. L'action dura cinq heures et fut très chaude ; elle se termina par la retraite des Algériens, qui eurent 700 hommes tués ou hors de combat ; les Kabyles se moquèrent d'eux, et projetèrent même un instant d'aller piller leurs tentes. Le Duc, qui ne s'était pas épargné

---

(1) Voir le *Recueil historique* (Cologne, 1666, in-16), p. 26 et suiv.
(2) — ...... (Rapport de M. de Castellan).

dans le combat, fut blessé à la jambe. On lui a reproché de n'avoir pas profité de ce précieux succès pour pousser à fond une attaque dont la réussite eût été la ruine complète de l'ennemi, que les Indigènes eussent exterminé sans pitié; mais l'état des troupes rendait cette opération impossible. Elles étaient dans le dénûment le plus complet: pas de vivres, pas de bois, souvent pas d'eau. Les vêtements manquaient, aussi bien que les munitions; la fièvre et la dyssenterie exerçaient leurs ravages. On attendait des secours de France; ils arrivèrent, le 22 octobre, conduits par le marquis de Martel, qui amenait avec lui M. de Castellan, chargé par le Roi d'apaiser les différends. En même temps, Beaufort recevait l'ordre de laisser à Gadagne le commandement des troupes de terre, et de reprendre celui de la croisière. Avant de s'éloigner, il proposa de diriger une attaque générale sur les Turcs, qui construisaient leurs batteries. C'était la seule chose qu'il y eût à faire; l'influence funeste de Clerville se fit encore sentir, et le Conseil de guerre refusa. Cinq jours après, Beaufort s'embarqua et fut croiser dans l'Est. Le 29, les batteries algériennes se démasquèrent; le 30, les ouvrages imparfaits des lignes françaises étaient complètement rasés; les troupes, se voyant entourées, exposées à un feu auquel elles ne pouvaient pas répondre, se démoralisèrent en quelques heures; *les soldats disaient tout haut qu'ils allaient se faire Turcs;* il fallut se décider à la retraite, malgré le Général qui tenait bon avec quelques braves, à l'endroit le plus dangereux, et voulait mourir là. Le mouvement commença, le 31 au soir, sous le feu de l'ennemi, et se changea en une honteuse débandade. Les canons, les bagages, les malades et les blessés furent abandonnés. On perdit quatorze cents hommes. L'attaque demandée, le 23, par le duc de Beaufort n'eût pas coûté la moitié de cela, quand même elle n'eût pas réussi.

Cette victoire enfla l'orgueil des Turcs et rendit fort difficile la position du consul Dubourdieu, qui fut mal-

traité et mis à la chaîne. Au bout de quelques jours, on
le laissa libre ; mais tous les Chrétiens étaient insultés
dans les rues d'Alger, même par les enfants, qui les
poursuivaient au cri de : « Gigeri ! Gigeri ! » en faisant
le geste de couper une tête (1).

La croisière anglo-hollandaise était rompue, et les Anglais se montraient indignés de la conduite de Ruyter,
qui avait profité du moment où on le croyait occupé dans
la Méditerranée, pour aller s'emparer du Cap-Vert et de
la Gorée (2).

Le 17 février 1665, Beaufort sortit de Toulon avec ses
vaisseaux, atteignit la flotte des Reïs, et la força de se
réfugier sous le canon de La Goulette, où il la poursui-
vit bravement, lui prit ou brûla trois vaisseaux (3), et, le
2 et le 27 mai, vint canonner le môle d'Alger, qui n'osa
pas lui répondre. Le 24 août, il attaqua de nouveau les
corsaires, devant Cherchel, leur brûla deux vaisseaux;
en prit trois, avec 113 pièces de canon et les pavillons
amiraux, qui furent portés à Notre-Dame (4).

La peste régnait toujours à Alger, où la Milice venait
de se révolter et de massacrer Chaban, qui fut remplacé
par Ali-Agha. Celui-ci était bien disposé pour la France,
et Dubourdieu fit savoir à la Cour qu'il serait facile de
traiter et de se faire rendre les prisonniers de 1664. M.
Trubert, gentilhomme ordinaire du Roi et Commissaire
Général des armées navales, reçut l'ordre de s'occuper
de cette affaire. Les voies avaient été préparées par le
Consul, et le traité fut signé le 17 mai 1666. Il y fut sti-
pulé que chacune des deux nations donnerait des laissez-
passer aux navires de l'autre, afin qu'ils ne pussent être
traités en ennemis; que la visite des bâtiments à la mer

---

(1) Lettre du captif Legrain. *(Mémoires de la Congrégation de la
Mission*, t. I, p. 245 et suiv.).

(2) *Gazette de France*, 1665, p. 66.

(3) — — p. 389-404.

(4) — — p. 1042.

ne pourrait se faire qu'au moyen d'une barque ; enfin, le Divan acceptait la franchise du pavillon, si longtemps contestée, et la prééminence du Consul de France sur ceux des autres nations. Onze cent vingt-sept captifs furent rendus, en deux fois, à l'Envoyé du Roi, qui les rapatria. Les Anglais avaient cherché, par tous les moyens possibles, à faire échouer les négociations (1), et avaient été jusqu'à offrir trente vaisseaux pour la défense des Algériens, s'ils voulaient rompre la paix (2). En même temps, le Bastion fut réoccupé, et la charge en fut donnée à Jacques Arnaud, qui venait de prendre une part très utile aux derniers arrangements, et que Colbert jugeait : « *homme de beaucoup d'esprit, de pénétration et de droiture.* »

Néanmoins, il était impossible de faire perdre en un jour aux Reïs leurs habitudes invétérées de piraterie ; il se commettait, chaque jour, quelque infraction que le Consul s'efforçait de faire réparer, apportant à cet effet beaucoup de patience et de fermeté ; mais, par la force même des choses, il n'obtenait, la plupart du temps, qu'un résultat négatif, ainsi que nous l'apprennent les lettres suivantes :

A MM. Bourelly et Dupont, Consuls et Intendants du Commerce de Marseille.

Alger, le 25 mai 1666.

« MESSIEURS,

» Le seul désir de contribuer au soulagement des pauvres Chrétiens qui sont ici esclaves m'a engagé à la

---

(1) Lettre de Trubert à Arnaud, Intendant Général des Galères, du 20 mai 1666.

(2) Lettre de M. Arnaud à Colbert, du 20 mai 1666.

» charge de Consul pour notre nation, de la part de Sa
» Majesté Très-Chrétienne, et dans le temps que j'ay sé-
» journé à Marseille avant de passer deçà, j'ai reconneu
» en votre conduite l'affection que vous avez à la chose
» publique, et particulièrement pour les pauvres escla-
» ves, nos compatriotes, ce qui m'oblige, Messieurs, à
» vous en témoigner ma reconnoissance de leur part,
» vous suppliant de leur vouloir continuer les secours
» que vous leur pourrez procurer; vous assurant, de
» ma part, de mes très humbles respect et obéissance.

   » J'ai rendeu les lettres dont il vous plut me charger à
» M. Le Vacher et à moy, pour les Gouverneurs d'ici, et
» elles ont été très bien receues; si vous aviez la bonté
» d'en écrire de semblables de temps en temps, elles
» contribueroient beaucoup pour maintenir les choses
» en meilleur état pour le trafic avec la France, quoi-
» qu'ils ne veuillent pas démordre de leurs ordinaires
» pirateries.

   » Plaise à Dieu d'y vouloir mettre la main pour nous
» en délivrer. Cependant, je vous prie de croire que je
» suis, Messieurs, votre très humble et très obéissant
» serviteur.

» DUBOURDIEU. »

A MM. les Échevins de Marseille

Alger, le 13 septembre 1666.

« MESSIEURS,

   » J'ai receu la lettre qu'il a plu à Vos Grâces m'écrire
» par le patron Roux, de Frontignan, qui arriva ici le
» dernier jour du mois précédent, et, selon mon obliga-
» tion jointe à votre recommandation, je fus, le lende-
» main, solliciter au Divan la satisfaction de la barque
» et marchandises qui furent prises, le 7 juillet, par un
» Corsaire de cette ville, et, à mon grand déplaisir, je

» n'ai pu obtenir que peu de chose dudit Divan pour les
» raisons plausibles qu'ils allèguent en leur faveur ; la
» première, c'est que le patron et l'équipage ont aban-
» donné le bord, qui n'a point été reconneu pour françois,
» le Corsaire l'ayant assuré, et qu'il n'avoit point mis de
» pavillon pour se faire distinguer de leurs ennemis ;
» mais la plus forte de leurs raisons est celle de leur in-
» térêt ; que les effets et la barque ayant été vendeus il y
» a longtemps, et qu'ils avoient passé en trois ou quatre
» cents parts ; qu'il étoit impossible d'en rien retirer ;
» tellement que, de toute la perte, le patron n'a pu avoir
» autre chose qu'une barque de prise qui n'a que la co-
» que, et, afin que ses marchands ne le croient pas au-
» trement, il en a été fait attestation dans notre Chan-
» cellerie. Je souhoite de tout mon cœur quelque autre
» occasion où je puisse témoigner avec plus d'efficacité
» que je suis, Messieurs, votre très humble et très
» obéissant serviteur.

» DUBOURDIEU. »

Malgré ces difficultés, notre commerce fut tranquille
sur la Méditerranée jusqu'en 1668 ; au printemps de
cette année, les Reïs, qui, sur l'invitation du Sultan,
avaient pris la mer pour ravitailler la Canée, furent bat-
tus par les Vénitiens, et, pour se venger, firent main
basse, en revenant, sur tout ce qu'ils rencontrèrent ;
quelques marchands français furent enlevés. Au mois de
juin, le Marquis de Martel sortit avec son escadre, et parut, le 29, devant Alger, où il exigea une réparation ;
comme le Divan essayait de tergiverser, il fit descendre
à terre le capitaine de Beaujeu, qui parla si hautement
que tout ce qui avait été pris fut rendu dès le lendemain.
De là, l'Amiral cingla vers Tunis, où il obtint le même résultat (1). A la même époque, il y eut dans la ville une
révolte de Berranis, dont on ne connaît ni les motifs, ni

---

(1) *Gazette de France*, 1668, p. 813.

les détails ; le Chef de la corporation des Zouäoua fut massacré, et les morceaux de son corps brûlés sur plusieurs places publiques ; les Kabyles venaient de s'insurger de nouveau, et il est très probable qu'il y eut connexité entre ces deux faits.

Le 9 octobre, le Chevalier Allen arriva avec la flotte anglaise, et, par ses menaces, se fit rendre quelques captifs (1).

Le 12 avril de l'année suivante, le Comte de Vivonne vint réclamer le châtiment de plusieurs Reïs délinquants ; on en fit pendre trois en sa présence, et il fut reçu au Divan avec les plus grands honneurs. Au mois de septembre, le Chevalier Allen reparut avec 25 vaisseaux, et ne put rien obtenir ; au bout de cinq jours de pourparlers inutiles, il ouvrit le feu. La flotte des Reïs sortit à sa rencontre, et il se livra, devant le môle, un combat furieux, après lequel les Anglais, très éprouvés par le canon et la tempête, durent aller se radouber à Mahon.

Au mois de février 1670, le Marquis de Martel parut devant Alger, y fut bien reçu, et se dirigea ensuite vers Tunis, qu'il fut forcé de canonner pour l'amener à composition. Les Anglais et les Hollandais croisaient devant la côte. Les galères du Pape, de Malte et de Sicile parcouraient la mer, et enlevaient aux Corsaires tellement de vaisseaux, qu'une émeute éclata dans la ville, où la populace craignait un débarquement. Pour la calmer, Ali distribua des présents (2), et fit fortifier le cap Matifou et l'embouchure de l'Arrach. Le 10 septembre, le Comte de Vivonne donnait la chasse à six vaisseaux turcs et s'en emparait.

Le 9 mai 1671, la flotte anglaise, sous le commandement d'Edward Spragg, attaqua le port de Bougie, força l'estacade, et brûla douze navires sous le canon des forts. Les Algériens, irrités, mirent aux fers le Consul anglais

---

(1) *Gazette de France*, 1668, p. 1227.
(2)   Id.   1671, p. 386.

ét les principaux de la nation, massacrèrent le Drogman et pillèrent le Consulat. Au mois de juillet, Spragg parut devant Alger, brisa les chaînes qui fermaient l'entrée du port, y brûla trois navires neufs, força les autres à se couler pour éviter le même sort, détruisit le château du môle, et s'empara de quelques bâtiments (1).

Cette expédition fut funeste à Ali. Depuis longtemps, les Reïs étaient mécontents de lui ; nous avons vu que les réclamations de la France l'avaient obligé à en faire châtier quelques-uns ; les autres étaient aigris par leurs pertes récentes, et l'accusaient de se désintéresser des choses de la marine. Une révolte, commandée par l'Agha de la Milice, éclata en septembre ; Ali se défendit énergiquement, fit couper la tête au chef du complot, mais finit par succomber sous le nombre ; il fut massacré et décapité ; sa femme fut torturée par la populace, qui voulait lui faire révéler en quel lieu ses trésors avaient été cachés. En fait, Ali fut victime de la singulière politique que la France avait adoptée à l'égard d'Alger. On a pu voir, en effet, que, sans déclaration de guerre, sans rappeler le Consul, sans griefs sérieux, nos navires de guerre enlevaient à la mer tous les Algériens qu'ils rencontraient ; l'expédition de Gigelli elle-même avait eu lieu sans notification préalable ; enfin, pendant l'expédition de Candie, la flotte royale avait combattu, brûlé et pris les navires des Reïs, qui, dès lors, s'étonnaient à bon droit de se voir interdire la Course sur nos bâtiments marchands.

Le meurtre d'Ali fut suivi d'un désordre complet ; les soldats envahirent la Casbah, et se payèrent par leurs propres mains de leur arriéré de solde (2) ; ils nommèrent, en trois jours, cinq ou six Aghas, qui se gardèrent bien d'accepter ce poste dangereux. Pendant ce temps, la Taïffe s'était assemblée, et sa décision transformait

---

(1) *Gazette de France*, 1671, p. 576, 926, 1057.
(2)   Id.   id.   p 1188 et 1198.

l'émeute en une véritable révolution ; la souveraineté des Chefs de la Milice disparaissait devant la prééminence de la Marine (1) ; les Aghas étaient remplacés par les Deys, dont le premier fut Hadj Mohammed Treki (2). Comme leurs prédécesseurs, ils furent investis du pouvoir exécutif; mais ils étaient nommés à vie, et ne tardèrent pas à profiter des moyens que leur donnait la fonction qu'ils occupaient, pour la transformer en une sorte de dictature ; les Pachas se virent maintenus dans leur nullité.

Hadj Mohammed était un vieux Reïs, à peu près tombé en enfance, qui abandonna le gouvernement à son gendre, Baba Hassan, un des hommes les plus détestables qu'on ait jamais vus à Alger ; méfiant, cruel, ambitieux et brutal, il ne rêvait que conspirations et supplices. Le vieux Dey n'était pas très bien disposé pour les Français, depuis que le Commandeur Paul et le Duc de Beaufort avaient capturé deux de ses plus beaux navires ; les Anglais profitèrent de cette occasion pour obtenir un traité, qui fut conclu à la fin de 1671 (3). Pendant toute l'année suivante, les complots se succédèrent, durement réprimés par Baba-Hassan (4). La peste continuait à désoler le pays. Les Corsaires dévastaient systématiquement les rivages de l'Italie et de l'Espagne. Depuis douze ans, leurs déprédations étaient devenues plus terribles que jamais. En 1661, ils avaient ravagé Zante, la Sicile et les rives de l'Adriatique, et pris pour plus de

(1) On n'a pas très bien compris, jusqu'ici, que la révolution de 1671 était l'œuvre des marins, toujours en lutte avec les Janissaires; il est cependant facile de s'en rendre compte, en constatant que les Aghas furent dépossédés, et que les quatre premiers Deys, Hadj Mohammed, Baba Hassan, Hadj Hussein (Mezzomorto) et Ibrahim, furent choisis parmi les Reïs.

(2) C'était, dit-on, un homme robuste, avare et dur; ce que nous savons de lui ne justifie guère cette appréciation.

(3) *Gazette de France*, 1671, p. 1188, et 1672, p. (295-300).

(4) Id. 1672, p. 980.

deux millions de marchandises (1); en 1662, c'était le
tour de l'Espagne, de Livourne et des Baléares (2); en
1663, ils débarquaient près de Naples et près de Cadix;
en 1664, ils bloquaient Venise (3); en 1665, ils attaquaient
la flotte des Indes et prenaient un galion de deux millions (4); en 1666, ils enlevaient du monde près de Naples, d'Otrante et de Crotone (5); en 1667, ils amarinaient,
près de Cadix, un autre galion des Indes, pillaient auprès
de Naples, dans la Pouille et l'île de Capri; faisaient
une descente à Trani, d'où ils emmenaient tout un cou-
vent de Cordeliers (6); en 1668, ils paraissaient près de
Gênes, puis dans la Pouille et dans la Calabre, d'où ils
ramenaient une grande quantité d'esclaves (7); en 1669,
on les signalait à Gênes, à Monaco et en Corse (8); en
1670, à Foggia, où ils capturaient le personnel des Doua-
nes et les marchandises, tandis que, sur l'Océan, ils
donnaient la chasse au convoi anglais revenant de Terre-
Neuve (9); en 1671, on les revoyait dans la Pouille, la
Calabre et la Sicile (10); en 1672, dans le royaume de Naples et dans l'Adriatique (11); en 1673, dans le port de
Malaga, dans les États Pontificaux, la Pouille, la Calabre et le Portugal (12).

Pendant tout ce temps, la France avait été presque absolument épargnée par le fléau. Quelques Corsaires
avaient bien paru devant Saint-Tropez, les îles d'Hyères

---

(1) *Gazette de France*, 1661, p. 445, 501, 573, 929, etc.
(2) Id. 1662, p. 215, 501, 1061.
(3) Id. 1663, p. 813, 1141, 1165, 1192, et 1664, p. 186.
(4) Id. 1665, p. 895.
(5) Id. 1666, p. 745, 769, 817.
(6) Id. 1667, p. 340, 530, 1135, 1186.
(7) Id. 1668, p. 141.
(8) Id. 1669, p. 689, 713, 735.
(9) Id. 1670, p. 382, etc.
(10) Id. 1671, p. 750.
(11) Id. 1672, p. 1250.
(12) Id. 1673, p. 94, 453, 657, 733.

et Marseille ; mais ils n'avaient pas tardé à disparaître devant nos croiseurs. Un petit nombre de barques avaient été enlevées, et le Consul s'employait à les faire rendre et à obtenir le châtiment des délinquants, comme il nous l'apprend par les lettres suivantes :

A MM. les Échevins de Marseille

Alger, le 20 janvier 1671.

« MESSIEURS,

» Ayant appris que, il y a environ deux mois, deux
» brigantins corsaires, qui avoient rendeu le bord à Sar-
» sel, lieu dépendant de la domination de cette ville,
» avoient pris quelque argent d'une barque, et sur le
» doute qu'elle pouvoit être françoise, j'en portai plainte
» au Divan, comme si de vray elle étoit françoise, et aus-
» sitôt dépêchèrent audit lieu de Sarsel pour saisir les
» Corsaires, et les firent conduire ici en prison ; et, bien
» qu'ils n'avouassent pas que c'étoit une barque fran-
» çoise, mais bien espagnole, qu'ils l'avoient fait échouer
» en terre où les gens s'étaient sauvés, le Divan les con-
» traignit à rendre 4,574 petites pièces d'argent (monnaie
» valencienne ou catalane), laquelle somme me fit re-
» mettre pour la rendre à qui elle se trouveroit apparte-
» nir.

» J'en ay donné connoissance à Monsieur le Marquis
» de Martel, comme je fais à vous, Messieurs, par cette
» commodité, et qui vous suis, avec bien du respect,
» Messieurs, votre très humble et très obéissant servi-
» teur.

» DUBOURDIEU. »

A MM. les Échevins et Députés du commerce
à Marseille

Alger, le 15 avril 1671.

« MESSIEURS,

» J'espère que vous aurez receu la lettre que je m'é-
» tois donné l'honneur de vous écrire, du mois de jan-
» vier, par le patron Paignon du Martigues, par laquelle
» je vous donnois avis de ce qu'on avoit fait rendre aux
» Corsaires des deux brigantins de Sarsel qui avoient
» insulté le patron Estrive, de Martigues, qui est celuy
» que vous me marquez par vos lettres que m'a appor-
» tées le patron Pierre Roux, lequel vous dira de vive
» voix combien j'ay sollicité de tout mon pouvoir la res-
» titution de ce que vous me marquez avoir été volé par
» ces misérables Corsaires, lesquels se sont tenus sur
» la négative des excès par eux commis, tant du vol que
» de la manière de la mort de l'écrivain et les autres
» blessés, alléguant pour leur excuse avoir trouvé la
» barque sans aucune marque qu'elle fût françoise. Ils
» s'attachèrent au combat comme ennemis, dans lequel
» il y eut de leurs gens tués et blessés ; et qu'après avoir
» forcé la barque et s'en être rendus les maîtres, que,
» dans ce désordre, l'argent qu'on leur fit rendre à leur
» arrivée y fut pris par leur équipage ; affirmant par ju-
» rements qu'il ne s'en était pas pris d'autre que celuy
» qu'on leur fit rendre au retour de leur Course, qui est
» celuy que je vous ay advisé avoir en mon pouvoir ; ces
» misérables Corsaires, qui sont si gueux que le Divan
» n'a pu rien retirer d'eux que le châtiment de baston-
» nade et longue prison ; ont condamné les armateurs à
» payer mille piastres, nonobstant les défenses de ceux-
» cy, sur ce qu'ils n'avaient rien reçu de ce larcin ; ce
» que nous avons recouvert avec beaucoup de difficulté,

» le tout ayant été consigné au patron Roux, afin de le
» remettre aux intéressés.

» Voicy une autre affaire de laquelle je vous envoie le
» verbal cy-joint, et le patron Roux s'est chargé des ro-
» bes et argent que j'ay découvert, afin de vous les re-
» mettre pour les rendre, s'il vous plaît, à qui il appar-
» tiendra. Nous avons icy trois pauvres garçons de Mar-
» seille qui ont été pris, depuis deux ans, sur une bar-
» que de Mayorque armée en Course, et, pour leur liberté,
» on me demande des Maures de ce pays qui sont escla-
» ves depuis la paix, ce qui m'oblige de vous supplier
» d'avoir agréable d'en vouloir parler à Monsieur l'In-
» tendant, afin qu'il consente à cet échange ; celuy que
» je luy demande par la lettre que je luy écris a été pris
» par les Anglois, acheté à Livourne et conduit sur les
» galères ; c'est pour Jacques Mouret, fils de maître Mou-
» ret Fustier, et pour remplacer les esclaves sur les ga-
» lères ; on se pourroit servir des quêtes de la Rédemp-
» tion, qui seroient employées conformément à sa fin.

» Dans l'adresse des lettres que vous m'avez écrites,
» vous me donnez une qualité, que je ne possède pas, de
» Prêtre Missionnaire. Dieu ne m'a pas avantagé d'une si
» excellente vocation. Nous avons bien icy Monsieur Le
» Vacher, quy est Prêtre de la Congrégation de la Mis-
» sion et Vicaire Apostolique, et moi je suis avec res-
» pect, Messieurs, votre très humble et très obéissant
» serviteur.

» Dubourdieu. »

« Comme le patron Roux a été nolisé pour revenir de
» deçà, je ne luy ay pas consigné les robes, que je gar-
» deroi jusqu'à son retour, par lequel je vous prie de
» m'envoyer l'ordre exprès ; ledit patron Roux a été dé-
» tenu depuis un mois par le Divan, à l'occasion des
» vaisseaux anglois qui croisent devant cette rade. »

A MM. les Échevins et Députés du commerce
à Marseille

Alger, le 8 janvier 1672.

« MESSIEURS,

» J'ay receu l'honneur de la votre par le patron Pierre
» Roux, lequel m'a parlé de l'état que vous me marquez
» avoir besoin des batiments qui sont veneus à ce port
» depuis l'année 1669, sous la bannière et protection de
» France, et je vous diray, ce que je luy ay fait connoitre
» par sa propre expérience, qu'en cette ville, il n'y a
» point de commerce qui vaille le parler; et que les An-
» glois ont teneu leurs vaisseaux de guerre icy devant
» pour empêcher l'entrée du port à tous les batiments,
» et ce depuis l'année 1669, ce qui a continué jusqu'au
» mois de décembre, que leur paix avec Alger s'est re-
» nouvelée, et dans tout ce temps, je ne me souviens
» qu'il soit veneu icy autre que le patron Esprit Reynau,
» de Martigues, qui a été nolisé à Cadix; il se trouve à
» ce port pour le troisième voyage; et le patron Jean
» Moussu, de Marseille, qui a fait deux voyages nolisés
» à Cadix et à Tétouan. Voilà, Messieurs, l'information
» que je puis vous donner, qui suis avec respect, Mes-
» sieurs, votre très humble et très obéissant serviteur.

» DUBOURDIEU. »

A MM. les Échevins et Députés du commerce
à Marseille

Alger, le 27 janvier 1672.

« MESSIEURS,

» Je me suis donné l'honneur de vous écrire par le re-
» tour du patron Pierre Roux, qui partit d'icy le neuvième

5

» du courant. Celle-cy sera pour vous informer de deux
» succès fort désavantageux pour le commerce et parti-
» culièrement pour la ville de Marseille, par la perte de
» deux barques en la manière qui suit : Le quinzième du
» courant, arriva un Corsaire qui nous amena le sieur
» Jean Sebès, marchand de la ville de Frontignan, avec
» huit mariniers qui étoient de l'équipage de la barque
» du patron Denis Fournier, que ce Corsaire rencontra,
» le sixième du courant, vers le cap Saint-Vincent, allant
» de Lisbonne à Cadix, laquelle se trouvant traversée,
» les voiles abattues le navire corsaire, qui venoit à tou-
» tes voiles, la heurta de sa proue si rudement, entre
» le grand mat et la chambre, qu'il la fit ouvrir et aussi-
» tôt aller à fonds, chargée de blés et autres marchan-
» dises, de laquelle ne s'est sauvé que ses neuf hommes,
» le patron Fournier s'étant noyé avec l'écrivain, le no-
» cher et trois autres de l'équipage, un religieux de Saint
» François et huit noirs. Ceux qui ont échappé au nau-
» frage m'ayant été remis, et informé de ce que dessus
» et que dans ce facheux accident il y avoit de la faute
» du Corsaire, je fus, en compagnie du sieur Sebès, en
» faire mes plaintes au Dey, prétendant la restitution
» d'une perte si considérable; et tout ce que nous pû-
» mes alléguer à nous faire justice n'opéra rien en no-
» tre faveur, et pour conclusion, nous donna la réponse
» suivante : Que, s'étant informé fort exactement des
» officiers du vaisseau de la manière que cet accident
» est arrivé; que, selon leur rapport et par l'expérience
» qu'il a de la navigation, il jugeoit celuy-ci pour un cas
» fortuit, et quand la même chose seroit arrivée à un de
» leur batiment, qu'il en porteroit le même jugement et
» n'en feroit pas d'autres recherches, ce qu'il exposera
» par une lettre qu'il veut écrire au Roy pour leur justi-
» fication. Deux jours après, arriva un autre Corsaire
» qui a pris une barque vers le cap Saint-Vincent, la-
» quelle ils publièrent être génoise, parce que tous les
» hommes de l'équipage l'abandonnèrent, étant chassés

» et ayant fuy en terre dans leur chaloupe, laquelle le
» Corsaire fit suivre avec la sienne et ne l'ayant pu at-
» trapper, il se saisit de la barque, qu'il trouva chargée
» de diverses marchandises et une somme d'argent mon-
» naie de Portugal. Tout ce qui fut trouvé sur la barque
» ayant été pillé et l'argent partagé, la barque fut emma-
» rinée de 45 hommes qui l'ont conduite icy; étant arri-
» vée, j'envoyois des François pour la reconnoitre, qui
» me rapportèrent qu'elle étoit de Marseille; je me suis
» aussi informé des Chrétiens esclaves qui étoient sur le
» navire Corsaire, qui m'assurèrent avoir vu des écri-
» tures françoises, aussy bien comme toutes les robes
» taillées et qu'il n'y avoit aucune bandière à la poupe
» de la barque, mais qu'ils la trouvèrent dedans, laquelle
» les Maures occultèrent, et ayant appris toutes ces cir-
» constances, je fus trouver le Dey pour réclamer ladite
» barque comme étant françoise, lequel me fit la réponse
» suivante : Que les preuves que je luy avois alléguées
» n'étoient pas suffisantes pour pouvoir me la faire ren-
» dre, d'autant qu'elle a été abandonnée et sans ban-
» dière, quy est le signal pour se faire connoitre, et que
» tout le monde du navire Corsaire luy dit qu'elle est gé-
» noise; et enfin qu'il en informera le Roy par la lettre
» qu'il luy veut écrire, à l'occasion du succès cy-
» dessus.

» J'écris de la même conformité à M. le Chevalier de
» la Valbelle, qui est à la rade de Port-Farine, par un
» batiment qui va partir; je fais la même chose à la
» Cour; vous savez, Messieurs, que celuy qui a été élu
» le premier Day, c'est le Général Tricq, qui nous a été
» toujours fort opposé dans sa charge de Général, à
» cause que deux de ses vaisseaux sont en France, luy
» ayant été pris, le premier par défunt Monsieur Paul et
» l'autre par feu Monsieur le Duc de Beaufort; et cer-
» tainement, quelque promesses qu'il m'ait faites de
» vouloir conserver la paix, il n'y a rien à se fier; car il
» favorisera toujours ses Corsaires; c'est de quoy j'ay

» avisé la Cour dès le temps de son élection, et repré-
» senté la nécessité de faire passer icy quelque escadre
» de vaisseaux, qui seroit de grand poids pour faire con-
» tenir les Corsaires et ne rien faire au préjudice de la
» paix, pour laquelle je vous conjure, Messieurs, d'y
» vouloir contribuer de vos suffrages, et de croire que
» je suis, avec beaucoup de respect, Messieurs, votre
» très humble et très obéissant serviteur. »

A MM. les Échevins et Députés du commerce
à Marseille

Alger, le 21 juillet 1672.

« MESSIEURS,

» Pour vous informer du fâcheux accident arrivé au
» patron Balthazar Roman, des Martigues, qui négocie
» depuis quelque temps pour des marchands génois, j'ay
» cru ne le pouvoir mieux faire qu'en vous adressant un
» extrait du verbal de ce qui s'est passé dans sa prise, et
» le relachement qui en a été fait ce même jour de son
» arrivée, ayant agi de ma part en tout ce qui m'a été
» possible pour l'entière restitution de ce qui a été pris,
» ce qu'on a fait, à la réserve de quelque argent appar-
» tenant à de pauvres passagers, le pouvoir du Day
» n'ayant pas été suffisant pour le faire rendre aux sol-
» dats qui se l'étoient partagé, qui font grand bruit à
» cause de leurs camarades qui ont été blessés et qu'il
» y en a quelques-uns qui n'en peuvent pas en échapper;
» j'en informeray Monsieur le Marquis de Martel et vous
» supplie d'acheminer l'incluse à Paris, à M. Bellinzani,
» y joignant un extrait ou l'original du verbal, et suis

» avec respect, Messieurs, votre très humble et très
» obéissant serviteur. »

  « Je joins à la lettre de Monsieur Bellinzani un extrait
» du verbal. »

Procès-verbal de prise annexé à la lettre précédente
du 21 juillet 1672

  « L'an mil six cent septante-deux, le vingt-unième
» jour du mois de juillet, nous, Jean Dubourdieu, Con-
» sul pour la nation françoise en cette ville et royaume
» d'Alger, certifions à tous ceux qu'il appartiendra que
» ce jour d'hui, Moustafa-Raix, commandant le navire
» *Lorengé,* Corsaire de cette ville, a rendu le bord et en-
» tré dans ce port avec une barque prise qu'on disoit
» être génoise, chargée de marchandises ; et ayant été
» avisé qu'elle étoit françoise, nous serions transporté,
» avec notre truchemen, au logis du Roy, pour la récla-
» mer, où nous avons trouvé le patron Balthazar Ro-
» man, des Martigues, lequel nous a déclaré être le pa-
» tron de ladite barque, ce qui nous a obligé de faire de
» très pressantes instances au Très-Illustre Seigneur
» Day et à ses ministres, pour la restitution de ladite bar-
» que, chargement et équipage, et après plusieurs diffi-
» cultés opposées par ledit Seigneur Day, à cause du
» combat que ladite barque avoit rendu, ayant tiré du
» canon, pierrier et mousqueton sur ledit Corsaire, au-
» paravant que ledit Corsaire eût tiré, ayant tué et blessé
» plusieurs de sa barque et rendu combat comme gé-
» noise, sur laquelle ledit capitaine Corsaire a trouvé
» son frère qui a dit être le patron de ladite barque,
» qui est le sujet pourquoy il s'en est rendu maître et l'a
» apportée icy ; à quoy ayant représenté audit Seigneur
» Day que le frère dudit Corsaire n'était point le prétendu

» patron de ladite barque, mais bien ledit patron Baltha-
» zar Roman, présent, françois, auquel elle appartenait,
» et en cas qu'ils ne la restituassent pas avec toutes ses
» facultés, nous obligeroient d'en donner avis en France,
» et pourroit être occasion de rupture à la paix ; ce que
» ledit Seigneur Dey et son Conseil ayant entendu, ont
» condamné le susdit Moustafa-Raix, Corsaire, à resti-
» tuer ladite barque, chargement et équipage et passa-
» gers, le tout ayant été remis au pouvoir dudit patron,
» à la réserve de l'argent qu'ils ont aussi pris sur ladite
» barque, ne le pouvant faire restituer aux soldats qui
» se l'étoient partagés à la mer ; ledit patron Balthazar
» nous ayant de plus déclaré n'avoir qu'un tiers sur la-
» dite barque, et les deux autres tiers appartenaient aux
» sieurs Jean-Maria Cambiasse et Jean-Baptiste Pour-
» ratte, ayant fait son dit chargement à Cadix, d'où il par-
» tit le douzième du présent mois, avec douze mariniers
» et vingt-sept passagers, faisant voyage pour Marseille,
» Gênes et Livourne, et se trouvant sur le travers de Gi-
» braltar, fit rencontre dudit Corsaire, duquel on lui cria
» d'une distance si grande qu'il ne pouvoit entendre ce
» qu'on lui disoit, et voyant que ledit Corsaire venoit à
» toutes voiles sur lui, il lui tira cinq ou six coups de
» mousquet qui lui blessèrent un homme ; ce que voyant,
» ledit patron lui fit tirer trois coups de canon sur lui et
» autant de pierriers et quelques fusils, de quoy furent
» blessés cinq ou six Turcs dudit Corsaire, qui ayant
» abordé ladite barque, sautèrent dedans, la croyant gé-
» noise, et d'autant plus que ledit Capitaine Corsaire,
» qui étoit renié génois, y reconnut son frère, nommé pa-
» tron Carlos Boos, lequel il appela par son nom, et lui
» ayant répondu que c'étoit son frère, ce qui fut la cause
» que la soldatesque sauta dans ladite barque, dans la-
» quelle ils pillèrent tout l'argent qui se trouva dans les
» caisses et se le partagèrent, et même prirent de ses
» hardes et de celles de son écrivain et nocher et plu-
» sieurs autres ustensiles, et plus n'a dit. Nous ayant re-

» quis acte et s'est soussigné avec nous, et par notre
» Chancelier fait apposer notre scel Royal ordinaire de
» notre Consulat. Donné audit Alger, dans notre maison
» consulaire, les an et jour que dessus.

» Ont signé :

> » DUBOURDIEU, *Consul;*

> » Balthazar ROMAN ;

> » Guillaume BARDI, *Chancelier.* »

Lettre de M. Dubourdieu à MM. les Échevins de Marseille

Alger, le 16 décembre 1672

« MESSIEURS,

» La mauvaise foy des Corsaires nous cause continuel-
» lement de nouveaux troubles dans la navigation des
» François. Je vous ay teneu informés de ce qui se passa
» à la rencontre de la barque que commandoit le patron
» Roman, de Martigues, avec un Corsaire de cette ville,
» et, dans le mois d'octobre, le patron Melchior Porta-
» nier, de la Seyne, fut aussi conduit icy avec sa tar-
» tane ; de quoy on donna quelque apparence de satis-
» faction, et la tartane, avec sa charge, l'équipage et deux
» Espagnols qui étoient passagers, le tout fut restitué,
» et comme dite tartane s'en alla à Toulon, j'ay envoyé
» le verbal à Monsieur l'Intendant de la Marine. Et je
» vous envoie ci-joint l'extrait d'un autre verbal à l'oc-
» casion de la prise de la barque du patron Guillaume
» Puech, de Martigues, qui, comme vous verrez, un Cor-
» saire lui a pris quatorze passagers espagnols, ce qui

» est autorisé par le Day, qui écrit au Roy pour l'en in-
» former, et que désormais, ces Corsaires qui trouveront
» sur les bastiments françois (1) des Étrangers en plus
» grand nombre que des mêmes François, ils les pren-
» dront et feront esclaves; il dit — les Étrangers ; ce qui
» l'oblige d'en écrire au Roy, c'est à cause de la résis-
» tance que je lui ay fait qu'on ne consentira jamais à
» cette infraction, et le Day est résolu que si le Roy ne
» lui veut pas accorder, ses Corsaires feront une entière
» irruption sur les François, et en attendant la réponse,
» il promet qu'il ne sera innové autre chose que ces
» Étrangers qu'il prétend faire esclaves; le Corsaire est
» encore à la mer. Vous aviez eu agréable, Messieurs,
» de me recommander les intérêts du sieur Jouillan, pa-
» tron de la barque qu'un Corsaire prit à la côte de Por-
» tugal, après que l'équipage l'eut abandonnée ; vous au-
» rez pu apprendre comme Monsieur le Marquis de Mar-
» tel y employa son autorité lorsqu'il fut icy, et ne put
» rien obtenir de toutes les marchandises qui y furent
» prises; seulement, on avoit accordé de rendre la bar-
» que, laquelle ne se trouva pas icy. Il y a environ vingt
» jours qu'elle a été ramenée de Salé, où ils l'ont fait na-
» viguer. J'ay requis le Day d'exécuter sa promesse en
» faisant rendre ladite barque, lequel m'a répondu que
» si elle s'étoit trouvée icy dans le temps que Monsieur
» de Martel y étoit, qu'il n'y auroit pas eu de difficultés
» pour la rendre ; mais qu'à présent qu'elle a changé de

---

(1) La mauvaise volonté que manifestait le nouveau Dey à l'égard
de la France, et qui avait été si bien prévue par M. Dubourdieu, se
traduisait par cette prétention, dont les capitulations et les traités
avaient fait bonne justice. Cependant, et malgré des conventions réitérées, il fut presque toujours impossible d'obtenir des Algériens
qu'ils ne considérassent pas comme ennemis ceux de nos bâtiments
dont l'équipage était composé de plus d'étrangers que de Français.
On voit quelle gêne ce devait être pour des capitaines caboteurs qui,
par la force des choses. étaient obligés de recruter leurs matelots
dans tous les ports de la Méditerranée.

» plusieurs, ayant été vendue et revendue, qu'il n'y a
» rien à espérer pour la restitution.

» Je suis avec bien du respect, Messieurs, votre très
» humble et très obéissant serviteur.

» DUBOURDIEU. »

Somme toute, M. Dubourdieu, par sa patience, sa fermeté, et l'influence personnelle que lui donnait la dignité
de sa vie, avait obtenu de bons résultats. Il avait eu
d'autant plus de mérite qu'il n'avait à compter que sur
lui-même; car on a pu remarquer que, depuis l'installation des Lazaristes, le Consul royal semblait se désintéresser complètement du Consulat, et n'avait même
pas demandé réparation des outrages faits à M. Barreau.
Du reste, dès 1669, Colbert avait décidé que les Consulats ne seraient plus des charges vénales, et avait fait
indemniser la Congrégation de la Mission.

A la fin du mois d'août 1673, M. d'Alméras parut devant Alger avec huit vaisseaux, pour demander la libé-
ration de quelques captifs; le Divan réclamait, de son
côté, plusieurs Turcs qui se trouvaient à Marseille, et les
négociations se prolongeaient, lorsque survint un incident qui, bien qu'assez fréquent, avait le don d'exciter
au plus haut point la colère des Algériens.

En temps ordinaire, les captifs n'avaient aucune chance
de se soustraire par la fuite à leur misérable destin. En
s'échappant dans la campagne, ils eussent été inévitable-
ment repris par les indigènes, pour subir chez eux un
esclavage bien plus dur que le premier; par mer, il leur
fallait se procurer une embarcation, des vivres, des armes, échapper à la vigilance ou à la poursuite des galères de garde; tout cela était presque impossible, et les
tentatives d'évasion étaient punies le plus souvent avec
la dernière rigueur.

Mais, lorsqu'une flotte française venait mouiller devant l'entrée du port, l'espoir de la liberté faisait battre tous les cœurs; chacun s'ingéniait à se cacher pour attendre la nuit, et se sauver à la nage à la faveur des ténèbres; ceux qui ne savaient pas nager s'emparaient d'une planche, d'une botte de roseaux, et se jetaient à la mer, faisant des efforts surhumains pour gagner le lieu d'asile, où ils étaient accueillis comme des frères par les gens du bord. Les propriétaires d'esclaves, lésés dans leurs intérêts, portaient leurs plaintes au Divan, qui transmettait leurs réclamations et demandait la remise des fugitifs; on comprend facilement que de semblables prétentions n'étaient jamais admises; car, depuis l'amiral jusqu'au dernier matelot, il ne se trouvait pas un homme qui n'eût mieux aimé sombrer corps et biens sous le canon des forts que de livrer le malheureux qui était venu se réfugier auprès d'eux. On ne répondait donc aux revendications que par un refus hautain; l'émeute éclatait alors dans Alger; le Consul était, le plus souvent, maltraité et emprisonné, et le Dey, tremblant pour sa propre existence, protestait contre ce qu'il qualifiait de recel et menaçait de rupture. C'est ainsi que se passait toujours ce qu'on appelait : *les fuites à bord.*

Le 14 septembre 1673, une vingtaine de captifs s'évadèrent et furent reçus dans les vaisseaux de M. d'Alméras. Le Dey les fit réclamer par M. Dubourdieu, qu'il fit conduire au vaisseau-amiral, en lui disant qu'il n'avait pas à revenir si les captifs n'étaient pas restitués. Le Consul voulait pourtant, au mépris de sa vie, aller porter le refus (1); mais le Chef de l'Escadre en jugea autrement, et mit à la voile sans le laisser débarquer. Le Di-

---

(1) « C'est ce dont je suis veneu informer M. d'Alméras, qui m'a
» fait la grâce de m'offrir toute faveur et même de me donner un
» vaisseau pour passer en France, si le service du Roy n'étoit plus
» utile ; mais, comme j'ay fait réflexion que je n'ay pas ordre de Sa
» Majesté d'abandonner ma charge, j'ay pris le party de m'exposer
» à toutes les rigueurs qu'ils voudront me faire expérimenter, etc. »
(Lettre de M. Dubourdieu à Colbert, du 14 septembre 1673).

van fut étonné de ce brusque départ et craignit une déclaration de guerre ; Hadj-Mohammed fit mander auprès
de lui M. Le Vacher (1), Vicaire Apostolique, et le pria
de se charger de l'intérim, lui disant qu'il voulait obser-
ver la paix avec la France, qu'il allait donner de nouveaux ordres aux Reïs, en les menaçant de peines sé-
vères s'ils y contrevenaient (2). En même temps, il écrivait au Roi une lettre dans laquelle il manifestait son
regret de ce qui s'était passé, et qui se terminait ainsi
qu'il suit :

« Nous donnons ensuite avis à Votre Majesté, que
» vers la fin du mois d'août, un de vos Capitaines, M.
» d'Alméras, étant venu en ces quartiers avec huit vais-
» seaux de guerre, jeta l'ancre et se porta directement
» vis-à-vis du port et sous le canon d'Alger. Cela nous
» obligea à envoyer le Consul de France qui était ici,
» pour lui demander qu'il ne s'arrêtât point avec ses
» vaisseaux sous le canon de la ville, et qu'il s'en éloi-
» gnât tant soit peu plus loin, parce qu'étant alors la
» saison de l'été, tous les esclaves des Musulmans
» étaient épars de côté et d'autre, les uns allant et ve-
» nant aux vignes, et les autres aux jardins et aux ver-
» gers, et qu'il se pourrait faire que les esclaves, voyant
» que les vaisseaux étaient sous le canon d'Alger et par
» conséquent bien proches de la ville, ils ne manqueraient
» point de s'enfuir et d'entrer dans ces navires, ainsi
» qu'il est déjà arrivé lorsque quelques vaisseaux fran-

---

(1) Jean Le Vacher, né à Ecouen, en 1619 ; il avait fait ses vœux
en 1646 et reçu les Ordres en 1647 ; il fut nommé Vicaire Apostolique
à Tunis à la fin de 1647, y exerça deux fois le consulat, y fut emprisonné à plusieurs reprises, et frappé trois fois de la peste en secou-
rant les malades et les captifs. En 1668, il fut nommé Vicaire Apostolique à Alger, et facilita la gestion de M. Dubourdieu par ses ex-
cellents conseils. C'est un des hommes les plus respectables dont
l'histoire fasse mention.

(2) Lettre du P. Le Vacher à Colbert, du 2 octobre 1673.

» çais étaient venus se porter jusque sous le canon :
» quarante-six esclaves des plus vigoureux s'étant jetés
» à la mer, quelques-uns se noyèrent, tachant d'atteindre
» les vaisseaux ; et quelques-uns y entrèrent, et en mê-
» me temps ces vaisseaux levèrent l'ancre et s'en allè-
» rent ; un tel accident arrivé aux Musulmans fit soule-
» ver tout le pays et on fit de grandes plaintes contre
» nous.

» Pour qu'un tel malheur n'arrivât pas encore, nous
» recommandâmes au Consul de persuader audit sieur
» d'Alméras de se retirer de dessous le canon de la ville
» et s'étant éloigné, de nous envoyer au port un navire,
» l'assurant que nous examinerions exactement ce qu'il
» souhaiterait de nous et que nous le satisferions ; mais
» nos paroles ne firent aucun effet sur lui, et dès la même
» nuit, plusieurs esclaves des Musulmans s'étant enfuis,
» se jetèrent à la mer et se sauvèrent dans les vaisseaux.
» Cela fit que nous renvoyâmes encore ledit Consul pour
» savoir à quel dessein on avait fait cette mauvaise ac-
» tion, et si c'était que l'on eût résolu de rompre la paix
» qui était entre nous. Ne doutant point qu'on n'eût
» quelque mauvaise intention, si les vaisseaux ne s'éloi-
» gnaient point, et si on ne nous renvoyait point les es-
» claves, cela nous fit encore dire au Consul que si la
» chose allait ainsi, lui-même n'aurait que faire de re-
» venir, et de fait, étant allé aux vaisseaux, aussitôt
» qu'il y fut entré, ils levèrent l'ancre et partirent, et
» c'est ainsi que ledit Consul s'en est en allé. »

(Suit la formule).

L'intérim du P. Le Vacher, qui avait une profonde
connaissance des affaires d'un pays qu'il habitait depuis
plus de vingt-cinq ans, fut très paisible ; les Reïs dé-
pensaient leur activité à courir sus aux Hollandais, qui
subirent de grosses pertes.

Cependant, à la suite d'un conflit qui avait éclaté entre le Gouverneur du Bastion et le Directeur de la Compagnie, le désordre s'était mis dans les Établissements. Le Chevalier d'Arvieux fut chargé d'apaiser ce différend, et reçut en même temps la charge de Consul. Il arriva à Alger le 10 septembre 1674, et fut assez mal reçu par Baba-Hassan, auquel déplurent les allures un peu trop hautaines du nouveau venu (1). Il n'aurait même pas pu parvenir à arranger les affaires du Bastion, si le Gouverneur protégé du Dey, Jacques Arnaud, n'était venu à mourir au cours des négociations. Enfin, malgré les intrigues d'un certain Marseillais du nom d'Estelle, des Anglais, et du Génois Lomellini, Gouverneur de Tabarque, qui voulait acheter les Établissements, il fit nommer le sieur La Fond, son candidat (2). Celui-ci se conduisit assez mal, et suscita de nouvelles difficultés. M. d'Arvieux réclamait, depuis son arrivée, vingt-cinq Français pris par Mezzo-Morto (3) sur un vaisseau livournais. On sait que les Algériens déclaraient de bonne prise les passagers des navires ennemis; ceux-ci étaient presque tous des gens de loisir, qui, au moment de leur capture, se rendaient à Rome pour y assister aux fêtes du Jubilé; le célèbre numismate Vaillant (4) se trouvait

---

(1) M. d'Arvieux était un assez singulier personnage ; ses mémoires révèlent un contentement de lui-même qui arriva souvent au comique. Fort infatué d'une noblesse douteuse (son oncle signait Laurent Arvieu, et lui-même est nommé Arvieu par tous ses concitoyens), il qualifie l'érudit captif duquel nous parlons plus loin de : *un sieur Vaillant, qui se dit homme du Roy, parce que M. Colbert l'a envoyé chercher des médailles ;* il nous apprend qu'à son débarquement, il avait : *sa canne, son épée, et un habit assez propre pour être distingué de tous ceux qui l'accompagnaient.* A l'en croire, il a été le collaborateur de Molière, et le Roi, après la première représentation du *Bourgeois Gentilhomme,* a dit : « *On voit bien que le Chevalier d'Arvieux y a mis la main !* » J'en passe, et des meilleurs !

(2) *Mémoires du Chevalier d'Arvieux* (Paris, 1725, 6 vol. in-12).

(3) Il devint plus tard Dey, sous son vrai nom d'Hadj-Hussein.

(4) Nous avons donné les détails des aventures de Vaillant dans une petite brochure : *Un Académicien captif à Alger* (Alger, 1883, in-8°).

parmi eux, et le Reïs qui les avait pris en espérait une riche rançon. C'était un personnage considérable que le Dey craignait de mécontenter; aussi opposait-il au Consul grief pour grief, demandant qu'avant tout, on lui rendît l'équipage d'une barque qui était venue s'échouer à Port-Vendres en fuyant les galères d'Espagne; les Turcs qui la montaient avaient été capturés, au mépris de tout droit, et envoyés aux galères de Marseille. Le P. Le Vacher s'était très activement occupé de cette affaire, n'avait pas eu de peine à démontrer au Conseil Royal l'injustice de la détention des Turcs, et avait obtenu des ordres pour qu'ils fussent rapatriés. Comme toujours, l'exécution des injonctions du Roi avait été entravée par la mauvaise volonté des capitaines de galères, peu satisfaits de voir démonter leur chiourme ; de plus, quelques-uns des forçats étaient sur mer, et il fallait attendre qu'ils revinssent. M. d'Arvieux eût pu tirer un bon parti des démarches faites par Colbert et Seignelay, et calmer le Divan en donnant lecture des lettres que nous reproduisons ici :

Lettre de M. de Seignelay à M. Arnoul (1)

Versailles, le 9 avril 1674. .

« Monsieur,

» Vous avez été informé qu'une barque d'Alger fut
» contrainte de relâcher, au mois de février dernier, dans
» le port de Vendres, en Roussillon, et que le Major de
» Collioure, par mégarde, la fit arrêter et mettre en pri-
» son les Turcs et Maures qui en composoient l'équi-

---

(1) M. Arnoul avait été nommé intendant des galères à Toulon, en 1665.

» page, ne sachant pas que le Roy eût accordé la paix à
» ladite ville d'Alger. Vous aurez aussi appris que, de-
» puis ce temps-là, les Espagnols ont brûlé ladite bar-
» que ; et, comme il importe beaucoup au commerce de
» la ville de Marseille de maintenir ladite paix, et que le
» Roy a envoyé les ordres au Gouverneur de Collioure
» de mettre en liberté les Turcs et Maures de l'équipage
» de ladite barque et de leur faire rendre tout ce qui leur
» appartient, j'estime qu'il est nécessaire que vous en-
» gagiez les Échevins de Marseille, non-seulement à en-
» voyer promptement prendre lesdits Turcs et Maures
» et à pourvoir à tout ce qui sera nécessaire pour leur
» subsistance, mais même, lorsqu'ils seront arrivés à
» Marseille, à leur faire donner une autre barque et tout
» ce dont ils auront besoin pour retourner audit Alger.
» Vous ferez aisément connoitre auxdits Échevins de
» quelle conséquence il est pour le bien du commerce
» de donner auxdits Turcs toute sorte de satisfaction.
» Ainsi je ne doute pas qu'ils ne soient assez portés
» d'eux-mêmes à donner tous les ordres nécessaires
» pour cela. Vous verrez, par le duplicata de l'ordre que
» j'ay adressé au Gouverneur de ladite ville de Collioure,
» qu'il doit mettre en liberté lesdits Turcs et Maures, et
» les remettre entre les mains de celuy qui sera chargé,
» de la part des Échevins, de les recevoir; mais il est
» bien important de les presser de faire une très grande
» diligence pour réparer le temps qui a été perdu, et de
» faire en sorte que lesdits Turcs et Maures se louent
» du bon traitement qui leur sera fait.

» Je suis, Monsieur, etc.

» Seignelay. »

Lettre de Colbert à M. Jean Rouillé (1)

Versailles, le 10 avril 1674.

« MONSIEUR,

» Ne sachant si vous pourrez vous en aller avec dili-
» gence à Marseille, j'envoie ordre au sieur Arnoul, qui
» est à Toulon, de s'y en aller promptement pour obli-
» ger les Échevins de Marseille d'envoyer en diligence à
» Collioure pour y prendre des Turcs d'Alger qui ont
» échoué au port de Vendres, près ladite ville de Col-
» lioure, il y a déjà quelque temps, pour les renvoyer à
» Alger en leur rendant tout ce qu'ils peuvent avoir
» perdu. Et comme cette affaire est de grande consé-
» quence pour le commerce de Marseille, si vous pouvez
» y aller pour y donner promptement les ordres, je crois
» qu'il seroit bien à propos et avantageux pour cette
» ville. En ce cas, j'écris audit sieur Arnoul de vous re-
» mettre tous les ordres que je lui envoie pour cela. Mais
» si vous n'y pouvez pas aller, il est nécessaire que vous
» écriviez aux Échevins et au Commerce de la ville de
» Marseille, pour les porter à faciliter cette résolution et
» l'exécuter promptement.

» Je suis, Monsieur, etc.

» COLBERT. »

Au lieu de se servir de ces lettres pour montrer au
Dey et au Divan que l'on était tout disposé à leur faire
justice, il gâta tout par ses emportements, sa jactance et
ses menaces. Il fit un tel esclandre à l'Assemblée du 2

---

(1) Intendant de Provence et conseiller d'État. Il mourut en 1698,
ayant été fait comte de Meslay.

février 1675, qu'il souleva contre lui un orage violent; il
fut un instant question de lui faire un mauvais parti, et
il ne dut son salut qu'à l'opinion que les Turcs conçurent
de lui, et qu'ils traduisirent en lui donnant le surnom de
dely (fou) (1). Il fut cependant obligé de se retirer et de
ne plus paraître au Conseil, laissant le soin des affaires
au P. Le Vacher, qui obtint presque immédiatement la
relaxation de Vaillant; le Dey fit même remettre au sa-
vant de précieuses médailles qui lui avaient été prises,
et le chargea d'une lettre pour Louis XIV. Il y attestait
son désir constant de conserver la paix, et priait le Roi
de l'aider à le faire en renvoyant les captifs le plus tôt
possible, et en changeant le Consul. Il désignait M. Dubourdieu, disant qu'il plaisait à tout le monde, et qu'il
était aussi apte à tout concilier que son successeur l'é-
tait peu. Sur ces entrefaites, M. d'Arvieux, se voyant
inutile, et ayant appris que le Divan voulait le faire embarquer de force (2), partit le 30 avril. Avant son départ,
il alla prendre congé d'Ismaël-Pacha, *qui se mêlait si
peu des affaires qu'il fut extrêmement surpris* à cette
nouvelle, et qui se plaignit *de l'esclavage où il était*. Arrivé en France, il adressa à Colbert une lettre de laquelle
nous détachons le passage suivant :

« Les injustices qu'on faisoit à Alger contre les arti-
» cles des traités, les instances que le Roy m'a comman-
» dé de faire pour leur exécution, et la manière dont
» j'étois obligé de soutenir les choses pour remplir mon
» devoir et faire connoitre la puissance de Sa Majesté à

(1) D'Arvieux, toujours content de lui-même, paraît enchanté d'a-
voir mérité ce sobriquet; il nous apprend qu'on ne doit pas le prendre en mauvaise part, attendu qu'*il signifie, dans un sens figuré, un
déterminé qui ne craint pas la mort.*

(2) Son renvoi semble avoir été motivé par certaines intrigues qu'il
aurait nouées; il nous dit lui-même que *la Milice commençait à mur-
murer de ce qu'on l'avait fait embarquer.*

» ces Barbares, furent pour moi, pendant huit mois, le
» plus rude de tous les exercices; cette République avoit
» entrepris de me faire embarquer par surprise, ne pou-
» vant supporter que je résistasse toujours et que je
» m'opposasse à leurs brutalités. Je découvris heureu-
» sement leur dessein, et, m'étant expliqué avec leurs
» Gouverneurs, ils me déclarèrent qu'ils ne vouloient
» pas que je restasse à Alger. Je me suis ménagé depuis
» avec eux, de sorte que, quittant ce poste, je n'ai com-
» mis ni le ressentiment du Roy, ni son autorité, non
» plus que la rupture de la paix (1). »

Les premières années du Consulat du P. Le Vacher
furent assez tranquilles, malgré les intrigues des Anglais et des Hollandais, qui prodiguaient les présents
pour faire déclarer la guerre à la France. Une croisière
portugaise tenait la mer, sous les ordres de Magellanez;
elle n'empêcha pas les Reïs de venir ravager les envi-
rons de Lisbonne, en 1675 et 1676. Au mois de juillet
1675, les Espagnols d'Oran dirigèrent une expédition jusque sous les murs de Tlemcen; ils furent repoussés, et
les indigènes vinrent les bloquer dans leurs posses-
sions; Baba-Hassan envoya quelques Janissaires pour
les aider (2); le siège dura trois ans; les deux armées
furent décimées par la peste; en janvier 1678, la garni-
son fit une sortie dans la plaine de Meleta, tua beaucoup
de monde aux Arabes, et ramena 800 prisonniers; mais,
au mois de juin, Oran était de nouveau investie; les Algériens barraient l'entrée de son port (3). Cette même
année, l'escadre anglaise, sous les ordres de Narbo-
rough, fit une démonstration sur Alger, et y lança
quelques boulets; deux batteries de 15 pièces, nouvel-

(1) Lettre de M. d'Arvieux à Colbert, du 8 juin 1675.
(2) *Gazette de France*, p. 660.
(3)   Id.   p. 71, 592.

lement construites, l'éloignèrent; là croisière continua, sous les ordres de Herbert.

Les forces du Consul n'étaient pas à la hauteur de son courage; les souffrances qu'il avait essuyées à Tunis avaient ruiné sa santé, et il était presque perclus par suite de douleurs rhumatismales. Dès le commencement de 1676, il avait demandé son remplacement, faisant savoir à Colbert que le Dey et le Divan verraient avec plaisir revenir M. Dubourdieu. En 1677, il fut de nouveau frappé de la peste; il ne s'en sauva qu'avec peine, et une nouvelle infirmité, l'éléphantiasis, vint lui rendre l'exercice de sa charge de plus en plus pénible. Cependant, il était parvenu à faire relaxer les vingt-cinq Français pris sur le navire livournais, en s'engageant personnellement pour les Turcs de Port-Vendres; mais, au lieu de se conformer aux ordres du Roi, l'Intendant des galères, plus soucieux de la qualité de ses chiourmes que de la paix publique, ne renvoya que quelques Maures estropiés ou hors de service. Le Divan, en présence de cette satisfaction dérisoire, eut une telle explosion d'indignation que le P. Le Vacher eut beaucoup de peine à la calmer. Il remontra que le Roi avait été trompé, promit que les coupables seraient punis et l'erreur réparée. A force d'instances et de réclamations, il finit par y arriver. Mais cet incident était à peine terminé, qu'il en survint un nouveau, de la même nature que le précédent, mais dont les conséquences allaient être autrement graves. Une barque, montée par sept Algériens qui fuyaient le dur esclavage des galères d'Espagne, fut amarinée par un vaisseau français, qui, après s'en être emparé sans résistance, conduisit l'équipage au bagne de Marseille. Le Divan demanda leur mise en liberté, et le Consul s'occupa activement de l'obtenir; mais ce fut en vain qu'il représenta l'injustice de l'action commise, et l'irritation qu'elle excitait à Alger. On s'obstina à ne pas le croire, à traiter cette affaire de vétille; on finit par déclarer *qu'il était indigne de la gran-*

*deur du Roy de traiter avec de la canaille et des Cor-
saires* (1). Le P. Le Vacher, de plus en plus malade, dégoûté par tout ce qui se passait, et prévoyant l'issue fatale, ne cessait de solliciter son changement (2). C'est
inutilement que M. Denis Dussault, qui venait de prendre la direction des Établissements, s'efforçait de faire
comprendre à la Cour les graves inconvénients d'une
rupture pour le commerce; cet homme très intelligent
et très dévoué, qui rendit les plus grands services, et
aux théories duquel il fallut bien revenir plus tard, ne
fut pas plus écouté à ce moment que le Consul. Sur ces
entrefaites, M. de Tourville fut envoyé à Alger avec son
escadre pour y réclamer les Français pris sur des vaisseaux étrangers. Il fut reçu avec de très grands honneurs ; le Dey lui accorda ce qu'il demandait, tout en
faisant remarquer que la teneur des traités ne l'y obli-
geait pas. L'Amiral obtint, séance tenante, la modification de l'article litigieux, embarqua les captifs, et mit à
la voile pour Tunis. Le lendemain de son départ, les Algériens s'aperçurent que deux esclaves s'étaient enfuis
à bord des vaisseaux du Roi; le Consul fut déclaré responsable et incarcéré; mais il fut relaxé au bout de
quelques jours, grâce à la vénération qu'il avait su ins-
pirer aux Turcs par ses hautes vertus.

---

(1) M. Octave Teissier, dans la publication qu'il a faite de quinze
lettres inédites du P. Le Vacher, conclut avec raison que la détention
arbitraire de cet équipage fut la véritable cause de la rupture de 1681
et des deux bombardements de Duquesne. Les faits sont parfaite-
ment d'accord avec cette appréciation, qu'on a voulu critiquer en disant que Colbert était un trop grand ministre pour avoir laissé une
guerre s'engager sous un prétexte aussi futile. Et cependant, il en fut
ainsi !

(2) « Monseigneur, — La continuation de mes infirmités m'ayant
» réduit à ne pouvoir sortir du logis, pour satisfaire auprès des Puis-
» sances de ce pays aux fonctions du Consulat, m'a porté à le re-
» présenter à Votre Grandeur et la supplier très-humblement vouloir
» faire passer en ce pays quelque personne pour l'exercice de cette
» charge. » (Lettre de M. Le Vacher à Colbert, du 30 mai 1679.)

L'année suivante, les Hollandais, qui imploraient en vain la paix depuis plus de dix ans, prodiguant à cet effet des présents et des promesses, obtinrent un traité qui fut signé le 1er mai; ils s'engageaient à fournir tous les ans des câbles, des mâts, de la poudre, des projectiles et des canons (1); le Comte d'Avaux, Ambassadeur de France à La Haye, protesta hautement et déclara que les navires qui seraient trouvés porteurs de cette contrebande de guerre seraient traités en ennemis. Au reste, cet arrangement ne servit pas à grand chose aux États, dont le Consul était mis aux fers quelques mois après, et dont les captifs peuplaient les bagnes. Les ravages des Reïs ne se ralentissaient pas ; en 1679 (2), on les avait vus aux Açores; en 1680 (3), dans le port de Livourne, où ils avaient tout enlevé; en 1681 (4), près de Naples, puis en Sicile, en Corse et aux États-Pontificaux, où ils étaient venus prendre dix tartanes sous le canon de Civita-Vecchia.

Le 14 septembre 1680, Duquesne se présenta devant le Dey, qui, en réponse à l'exposé de ses griefs, lui réclama les Turcs des galères de Marseille. La peste continuait; au mois de février 1681, la poudrière du fort Bab-el-Oued sauta; quatre cents maisons furent démolies, et il périt beaucoup de monde (5). MM. Hayet et de Virelle furent envoyés par la Cour pour demander l'exécution

(1) Le premier envoi fut de : 8 pièces de canon de 50, 40 mâts, 500 barils de poudre, 3,000 boulets, un vaisseau plein de câbles et d'agrès. *(Gazette* 1680, p. 300.)

(2) *Gazette de France*, 1679, p. 95, 166.

(3)   Id.   1680, p. 325.

(4)   Id.   1681, p. 219, etc.

(5)   Id.   1681, p. 153. — C'était la deuxième fois qu'une explosion de poudrière détruisait le fort des Vingt-quatre heures, ce qui n'a pas empêché M. Berbrugger d'y reconnaître le corps de Géronimo dans un bloc de pisé qu'Haëdo avait vu tout effrité en 1578, et qui, par l'effet, sans doute, de ces explosions, s'est retrouvé miraculeusement tellement compact, en 1852, qu'il a fallu employer la mine pour le briser.

des traités et obtenir *qu'il fût déclaré que les Français
ne pourraient plus être esclaves à Alger, de quelque
manière qu'ils eussent été pris*. Le Divan y consentit, à
condition que les Algériens injustement détenus depuis
si longtemps lui seraient renvoyés; l'accord fut conclu
sur ces bases, et la paix semblait assurée, lorsqu'on apprit par les lettres des captifs que, loin de briser leurs
fers, on venait de les rembarquer sur les galères de l'escadre du Levant. Cette mauvaise foi excita une indignation générale, et, après un *ultimatum* qui fut dédaigneu-
sement accueilli à Versailles, la guerre fut déclarée à la
France, à l'unanimité des voix, dans la séance du 18 octobre 1681. Les prédictions de M. Dussault ne tardèrent
pas à se réaliser; un mois après la rupture, les Reïs
avaient déjà pris vingt-neuf bâtiments français et fait
trois cents esclaves. Dans les quatorze dernières années, les Anglais s'étaient vu prendre trois cent cinquante navires et six mille matelots; ils profitèrent des
hostilités pour obtenir un traité fort onéreux, que le P.
Le Vacher qualifia de: *la paix la plus honteuse qui se
puisse imaginer* (1).

La France se préparait à la guerre; les galiotes à bombes de Renau d'Éliçagaray se construisaient activement,
et le Roi se disposait à donner l'ordre à Duquesne d'aller
à Alger, *de l'incendier et de le détruire de fond en comble* (2). Le vieil Hadj-Mohammed, inquiet de la tournure
que prenaient les événements, s'embarqua secrètement
sur un de ses vaisseaux et s'enfuit à Tripoli, abandonnant le pouvoir à son gendre Baba-Hassan, qui était, depuis longtemps, le véritable maître. Son dernier acte fut
la nomination de Si Abd-el-Kader, fils de Si Mohammed

---

(1) Ils consentaient à fournir, comme les Hollandais, des agrès,
canons et munitions de guerre, rendirent gratuitement leurs captifs,
et acceptèrent de racheter les leurs. (Lettre du P. Le Vacher, 25
avril 1682.)

(2) Lettre du Roi, du 24 juin 1682.

Amokran, qui fut reconnu chef des trois fractions des Ouled-Barbacha, à titre indépendant des Beys de Constantine. Le nouveau Dey marcha contre les Marocains, qui assiégeaient Tlemcen, et les força de rentrer chez eux; il les eût sans doute poursuivis, s'il n'eût été rappelé à Alger par la crainte de l'attaque des Français.

En effet, Duquesne était parti de Toulon le 1ᵉʳ juillet 1682. Dussault avait vainement envoyé à M. de Seignelay mémoires sur mémoires; il y avait vainement remontré (1) que cette guerre devait être fatale à la France, par les pertes immenses qu'elle causerait au commerce maritime, et par ce qu'elle coûterait au trésor. Il disait qu'il était préférable de se désister de quelques articles des traités que les Algériens ne voulaient plus admettre, tel que celui qui concernait les Français trouvés sur les bâtiments ennemis d'Alger (2), ce qui ne pouvait être qu'avantageux à notre marine, à cause du nombre des marins qui servaient à l'étranger, attirés par les bénéfices qu'ils y trouvaient; qu'il fallait rendre les Turcs détenus à Marseille, et faire la paix avec le Divan, moyennant qu'il déclarerait aussitôt la guerre à la Hollande et à l'Angleterre; *de cette manière, la France*, disait-il, *aura le monopole du commerce dans le Levant et la Barbarie, et s'enrichira en raison des pertes que feront les autres nations* (3).

---

(1) Voir Sander-Rang, *Précis analytique*, à la date 1681.

(2) C'était la théorie même qui avait été émise par Richelieu, dans ses lettres à M. de Seguiran ; c'était celle de tous les capitaines, qui se plaignaient que les gens de mer allassent servir à l'étranger.

(3) Pour éviter la rupture, le Divan et le P. Le Vacher avaient écrit les lettres dont nous citons les passages suivants :

« Nous avons ouï dire qu'ayant eu l'honneur de parler à Votre Ma-
» jesté, vous aviez ordonné qu'on donnât liberté à nos esclaves, et
» qu'ils avaient été délivrés ; mais que, quelque temps après, on les
» avoit repris et remis aux fers, et qu'ils étoient retournés en mer.
» Nous savons bien que cette action ne peut avoir été faite par
» votre ordre, ni de votre volonté ; mais si cela étoit, nous vous sup-

Tout cela était très juste; mais la voix de l'orgueil l'emporta sur celle de la raison.

Le 25 juillet, Duquesne parut devant Cherchel, qu'il canonna, détruisant en quelques heures la redoute du rivage, et brûlant deux navires; le 29, il donnait devant Alger son ordre de bataille à la flotte, qui se composait de quinze galères, onze vaisseaux, deux brûlots et cinq galiotes à bombes. Pendant quinze jours, il manœuvra dans la rade, et, le 15 août, renvoya les galères, qui lui étaient inutiles. Le 20 au soir, on prit les postes de combat. Le front de mer de la ville était armé de 50 canons; l'îlot, de 50; la tour du fanal, de 27, en trois batteries étagées; le fort des Anglais, de 10 ou 12; les batteries de Bab-el-Oued et de Bab-Azoun, de 15 chacune. Dans la nuit du 20 au 22, on fit le premier essai des bombes, et l'on reconnut que la distance était trop grande. Le feu ne recommença que le 26 au soir; quatre-vingt-six bombes furent lancées sans grand succès. La nuit du 30, les mortiers en envoyèrent cent quatorze, qui firent de grands dégâts, ainsi qu'on l'apprit par un esclave fugitif. Le 3 septembre, les Reïs tentèrent une sortie, qui fut vigoureusement repoussée; le 4 au matin, ils prièrent le P. Le Vacher d'aller, de leur part, demander à l'Amiral à quelles conditions il cesserait le feu; celui-ci refusa de

» plions de ne point permettre que ce tort nous soit fait, puisque » nous avons exactement tenu notre parole, et que nous demeure- » rons ferme dans ce que nous avons promis. Nous ne doutons pas » que Votre Majesté n'agisse de même. » (Lettre du Divan à Louis XIV, septembre 1681.)

« Sur ces griefs, les Puissances et le Divan, d'un mutuel consen- » tement, résolurent la rupture de la paix avec la France; ils l'ont » tous dit et publié en ma présence, ce que je n'ay pu empêcher, » quelque instance que j'ay faite. Nonobstant cette rupture, tous les » bâtiments marchands qui viendront négocier à Alger seront tous » les bien venus; ils me permettront de repasser en France quand il » plaira au Roy de m'en envoyer l'ordre. Les Algériens arment tous » vaisseaux qui sont dans le port, pour courir sur les François. » (Lettre du P. Le Vacher à Colbert, du 18 octobre 1681).

répondre au Consul, déclarant qu'il ne voulait entendre que les délégués du Divan, munis des pouvoirs nécessaires pour traiter, et le feu continua jusqu'au 12, tout le temps que le vent ou l'état de la mer le permit.

Malgré leurs pertes, les Algériens ne firent plus aucune tentative d'accommodement; Baba-Hassan faisait surveiller la ville par des hommes dévoués, et tous ceux qui murmuraient étaient immédiatement décapités. Le 12 septembre, le temps devint trop mauvais pour les galiotes, et Duquesne partit, laissant les soins de la croisière d'hiver à M. de Lhéry. Il avait écrasé une cinquantaine de maisons, tué cinq cents habitants; mais il n'avait obtenu aucun autre résultat. Une médaille commémorative, qui eût pu être consacrée à des actions plus glorieuses, fut frappée à cette occasion. Le P. Le Vacher avait couru de grands dangers; sa maison avait été visitée par quelques projectiles (1), quoique couverte par le drapeau blanc du Consulat; il est vrai de dire que les mortiers tiraient au hasard, et que les bombes crevaient souvent à moitié chemin, et quelquefois même au départ. A son arrivée en France, l'Amiral fit subir aux galiotes les modifications nécessaires, et s'occupa de se procurer des munitions de meilleure qualité; car l'expédition de 1683 était déjà résolue. Au commencement de cette année, la peste redoubla, et fut suivie de la famine; le prix des vivres décupla (2). Les Hollandais rachetèrent des captifs pour 52,000 écus.

Duquesne partit de Toulon le 6 mai, avec 20 vaisseaux

---

(1) « Mais je n'ay pas été aussi préservé du feu que M. Duquesne » a jeté dans la ville. L'Amiral a tiré trois fois des bombes et des » carcasses qui ont renversé quelques mosquées, maisons et bouti- » ques. Il est tombé une bombe chez nous qui a enfoncé deux cham- » bres avec un fracas extraordinaire; deux pierres me passèrent » proche la tête, l'une d'un côté, l'autre de l'autre, sans me toucher, » comme j'étois en notre chapelle devant le Saint-Sacrement. »

(2) *Gazette de France, 1683,* p. 478. « Un mouton, qui ne coûte qu'un demi-écu, se vend cinq écus aujourd'hui. »

7

ou frégates, 7 galiotes, 2 brûlots, et 30 flutes, tartanes ou barques ; 16 galères devaient venir le rejoindre. A la sortie du port, il fut assailli par une violente tempête, qui lui enleva quelques chaloupes et lui occasionna des avaries graves, qu'il fallut aller réparer, ce qui amena un retard considérable. La flotte ne parut devant Alger que le 18 juin, et prit son poste le 23. Le bombardement, retardé par le mauvais état de la mer, ne commença que le 26 au soir, sans sommation préalable, et continua le 27, sous le feu des Algériens, qui semblent avoir manqué de bons artilleurs. Le 28, le Dey envoya à bord du *Saint-Esprit* un parlementaire accompagné du P. Le Vacher, que Duquesne ne voulut pas recevoir (1), disant qu'il entendait n'avoir affaire qu'aux Turcs ; il répondit à l'envoyé qu'il ne permettrait les ouvertures de traité que lorsque tous les captifs français auraient été rendus, et le congédia brusquement. Après quelques démarches inutiles, un court armistice de moins de vingt-quatre heures fut accordé, pour donner le temps de rechercher les esclaves chez les différents maîtres. Le 29, à midi, on en ramena 141 ; le 30, 124 ; le 1er juillet, 152 ; le 2, 83 ; enfin, à la date du 3, il ne restait plus de prisonniers à rendre, et le Divan avait obéi, *sans avoir aucune assurance de la manière dont M. le Marquis Duquesne voudrait leur donner la paix* (2). MM. Hayet et de Combes descendirent à terre pour en régler les conditions ; le Dey envoya des otages, parmi lesquels il eut soin de

---

(1) Duquesne se montra cruel pour ce vieillard, auquel sa charge, pour ne pas parler de ses vertus personnelles, eût dû valoir plus d'égards. La première fois, il ne laissa pas accoster son embarcation et lui parla du haut de la galerie de poupe ; deux jours plus tard, quand il amena les otages, aucun siège ne lui fut offert, et, comme il ne pouvait se soutenir sur ses jambes enflées et malades, il dut s'asseoir sur un affût de canon. Ce fut là que l'Amiral, après l'avoir traité durement, termina par ces mots : « Vous êtes plus Turc que Chrétien. » — « Je suis prêtre, » répondit simplement celui qui, un mois après, devait mourir avec tant de courage.

(2) V. la relation Hayet.

comprendre Mezzo-Morto, dont il craignait l'influence et dont il connaissait le mauvais esprit. Une quinzaine de jours se passèrent en négociations ; Baba-Hassan, qui ne pouvait pas réunir le million et demi de livres que l'Amiral réclamait comme indemnité, demandait du temps, et les choses traînaient en longueur.

Cependant, la ville était divisée en deux partis: celui de la paix, représenté par les Baldis et la Milice; et celui de la guerre, qu'appuyait la Taïffe des Reïs. Mezzo-Morto, qui en était le chef, fut tenu au courant de tout ce qui se passait par les fréquentes visites qu'il reçut. Il persuada à Duquesne de le débarquer, disant *qu'il en ferait plus en une heure que Baba-Hassan en quinze jours*. On fut bientôt édifié sur le véritable sens de cette phrase ironique ; à peine débarqué à terre, il s'entoura des Reïs, à la tête desquels il marcha sur la Jénina, et, au milieu d'un horrible tumulte, fit massacrer le Dey par son séide Ibrahim-Khodja, arbora le drapeau rouge, et ouvrit le feu de toutes les batteries sur la flotte, à laquelle il renvoya M. Hayet avec mission de dire à l'Amiral que, s'il recommençait à tirer des bombes, les Chrétiens seraient mis à la bouche du canon. Cela se passait le 22 juillet. Les galiotes ripostèrent énergiquement au canon des batteries, et ce combat d'artillerie se prolongea jusqu'aux premiers jours d'octobre, où la mauvaise saison obligea Duquesne à lever l'ancre, sans avoir pu vaincre l'obstination des Algériens. Cette double expédition, qui avait coûté plus de vingt-cinq millions au trésor, n'eut d'autre résultat que l'écrasement d'une centaine de masures, de deux ou trois mosquées, la mort d'un millier d'habitants, et l'incendie de trois vaisseaux corsaires. C'était peu, et le sentiment public se traduisit par cette phrase d'une lettre de M. de Seignelay au Maréchal d'Estrées : « *Plut à Dieu que cette affaire d'Alger eût été commise à vos soins !* » Duquesne n'obéit pas aux ordres du Roi, qui, désireux d'en finir avec ce nid de pirates, lui avait formellement enjoint de profiter de la terreur de l'ennemi et du désordre qu'engendrerait le bombardement, pour débarquer des troupes, mettre le feu à la ville, la ruiner de fond en comble, faire sauter le môle et l'estacade, de façon que le port devînt à jamais impraticable (1). Rien de tout cela ne fut même tenté ; on rapporta en France les *mines de cuivre* destinées à forcer l'entrée du port, et une partie des bombes qu'on avait emportées et qui eussent pu être utilisées pour la destruction des batteries du fanal, les seules qui empêchassent sérieusement l'opération commencée ; enfin, malgré les lettres réitérées du Ministre, l'Amiral, en dépit de l'avis de Tourville et des meilleurs officiers de la flotte, s'obstina à se borner à un bombardement qui produisit très peu d'effet utile, et qui, en excitant au plus haut point la fureur de la populace, la porta aux plus violentes atrocités. Le 29 juillet, au plus fort du feu et au milieu de la confusion qui régnait dans la ville, une foule affolée s'était précipitée sur le Consulat français, qu'un malveillant avait désigné comme faisant des signaux à la flotte. Après avoir saccagé la maison, les forcenés s'emparèrent de la personne du Consul en poussant des cris de mort ; comme il ne pouvait marcher, on l'emporta assis sur une chaise, et l'on se dirigea tumultueusement chez le Dey, qui se trouvait à ce moment aux batteries du fanal, où il venait d'être blessé à la figure. Sans s'occuper davantage de son assentiment (2), la horde d'assassins reprit sa marche vers le môle, où le P. Le Vacher fut attaché à la bouche d'un

---

(1) *Archives de la Marine, Ordre du Roi, 1683.* Malgré tous ses efforts, M. Jal, qui s'est fait l'avocat d'office de son héros *(Abraham Du Quesne et la Marine de son temps,* t. II, p. 455 et suiv.), ne me semble pas parvenir à son but ; il est forcé de nous parler de *barbarie,* d'*effusion de sang* ; bref, il se livre à un humanitarisme philosophique qui peut avoir sa valeur dans le conseil, mais qu'il faut soigneusement écarter quand l'épée est tirée.

(2) Malgré des allégations contraires, rien ne démontre que Mezzo-Morto ait été pour quelque chose dans cette barbare exécution.

canon, dont la décharge dispersa ses membres. On dit,
— ce qui est peu probable, — qu'on lui donna à choisir
entre la mort et l'apostasie; en tous cas, son choix était
fait depuis longtemps, et il vit arriver avec une sérénité
parfaite cette fin de ses longues souffrances, que sa piété
seule pouvait l'empêcher de désirer. Vingt résidents
français partagèrent son sort (1); un Capitaine prisonnier, M. de Choiseul-Beaupré, fut sauvé, dit-on, par la
reconnaissance d'un Reïs, au moment où on allait mettre le feu à la pièce à laquelle il était attaché (2). Nous
reproduisons ici quelques-unes des lettres que M. de
Seignelay et le P. Le Vacher écrivaient au sujet des
événements dont nous venons de faire l'histoire.

Lettre du P. Le Vacher à MM. les Échevins
de Marseille

Alger, le 21 février 1676.

« MESSIEURS,

» Les Turcs que vous avez envoyés de la part du Roy
» arrivèrent icy le 14e de ce mois, à l'exception d'un
» vieux, âgé, dit-on, de plus de 90 ans, qui est mort dans
» le passage. J'ay rendeu votre lettre au Day, auquel elle
» a été très agréable ; il a néansmoins été extrèmement
» irrité, et tout le Divan, de ce que des Turcs qui ont été
» renvoyés, il ne s'en est trouvé qu'une partie de ceux
» qu'ils avoient demandés à M. Arvieu, lorsqu'il étoit

(1) Toutes ces horreurs eussent pu être évitées, si Duquesne, suivant l'exemple qu'avait donné M. d'Alméras, en 1673, eût fait embarquer le Consul et les résidents avant l'ouverture des hostilités.

(2) Cette légende nous semble être très douteuse.

» icy, et que les autres aient été reteneus sur les galères,
» pour lesquels on a renvoyé des Maures invalides; ils
» avoient délibéré de retenir les plus considérables des
» Francois qui étoient déteneus icy et de renvoyer les au-
» tres en France, ou bien de les vendre tous, et de l'ar-
» gent qui proviendroit de leur vente, acheter autant de
» Francois invalides et les renvoyer en France, ce que
» par la miséricorde de Notre-Seigneur j'ay empêché,
» leur représentant que ce procédé ne pourroit produire
» qu'un très mauvois effet à la paix établie et conservée
» depuis tant d'années entre la France et ce royaume, et
» que, s'ils le trouvoient bon, j'écrirois en France et y
» enverrois un rôle des Turcs qu'ils avoient demandés
» au sieur Arvieu, où on reconnaîtroit ceux qui
» avoient été envoyés et ceux qui ont été déteneus, pour
» lesquels on a renvoyé des Maures invalides ; et notre
» invincible Monarque ayant, par ce moyen, été informé
» qu'on auroit, en ce rencontre, agi contre ses ordres et
» son intention, il en feroit justice indubitablement, ce
» qu'ils trouvèrent bon ; par ce moyen et une donative
» qu'il a fallu faire de dix-sept cent vingt-neuf pièces de
» huict à la paye des soldats, irrités de ce que leurs ca-
» marades avoient été reteneus et qu'on avoit renvoyé à
» leur place des Maures invalides, tous les Francois qui
» étoient déteneus et trois jeunes matelots de Provence
» nouvellement pris sur une barque génoise repassant
» en France après avoir été pris par les Mayorquins,
» m'ont été remis, lesquels repassent â Marseille sur la
» présente barque qui en a apporté les Turcs.

» J'ay envoyé à M. le Marquis de Seignelay un rôle des
» Turcs que le Day et le Divan ont demandés à M. Ar-
» vieu; et comme ils prétendent incessamment que
» ceux qui ont été reteneus soient renvoyés icy au plus
» tôt, avec tous ceux de ce pays qui ont fui d'Espagne et
» d'Italie en France et qui ont écrit d'y avoir été rete-
» neus et mis aux galères.

» J'ay, Messieurs, depuis le départ de M. Arvieu de ce

» pays, entreteneu la plus part de ces pauvres Francois
» qui repassent en France, tant pour le vivre que pour
» vêtir, parce que les Turcs ne leur ont rien subministré
» pendant leur détention, de sorte que, pour leur subsis-
» tance, des dettes que quelques-uns ont contractées et
» pour avoir contribué 224 piastres à la donative faicte
» pour obtenir leur liberté, j'ay avancé 670 pièces de
» huict. Je ne crois pas, Messieurs, qu'en servant le pu-
» blic par les fonctions indignes d'une personne de mon
» caractère, en l'absence d'un Consul, pour pouvoir con-
» server la paix si considérable à votre commerce, vous
» permettiez que je souffre la perte de cette somme;
» j'espère que vous la rendrez au Supérieur de notre
» Maison, le Supérieur de la Congrégation de la Mission,
» à Marseille, et que vous m'en ferez adviser par la pre-
» mière commodité.

» Les Corsaires dudit ont pris, l'année précédente, en-
» viron 1,500 Chrétiens de différentes nations, la plus
» part Portugois; n'étoit la paix que nous avons, nous
» auroient apporté grand nombre de batiments francois
» qu'ils ont rencontrés, auxquels ils n'ont rendeu aucun
» acte d'hostilité.

» Un Envoyé de Hollande est arrivé icy depuis quel-
» ques mois pour demander la paix, laquelle il n'a pu
» obtenir, quelque instance qu'il ait faite et quelques do-
» natives très considérables qu'il s'est offert de donner
» pour ce sujet; le Day lui a, depuis quelques jours, or-
» donné de se retirer; il en a advisé M. le Prince d'Orange
» et Messieurs des États, qui l'ont envoyé; il n'attend
» que leur réponse et quelques vaisseaux de sa nation
» pour se rembarquer.

» Je suis très cordialement, en l'amour de Notre-
» Seigneur et de sa Très-Sainte Mère, Messieurs, votre
» humble et obéissant serviteur.

» NOTE DES DÉPENSES

» Note des dépenses faictes par nous, Jean Le Vacher,
» Vicaire Apostolique, pour la provision de la tartane du
» patron Antoine Veneau, du Martigues, et sur laquelle
» ont passé les vingt-deux Turcs envoyés par MM. les
» Échevins de la ville de Marseille, et repassé les passa-
» gers francois qui étoient déteneus en cette ville d'Alger :

» 1 quintal bacallau, à 5 p. le quintal	5 p.	00 s.	00 d.
» 4 quintaux et 25 livres biscuit à p. 2 et 1/4 le » quintal	9	11	03
» 55 couffes couscousou, à 5 p. le quintal. . . .	2	15	00
» Pour une cruche huile	2	00	00
» 60 couffes ris, à 2 p. 9 d. la couffe.	2	16	10
» Pour une cruche beurre frais	0	16	04
» Pour port et couffe pour mettre les dites vi- » tuailles	0	10	00
	23	09	05
			3

» Piastres vingt-trois, neuf souls et cinq deniers,
» qui font des livres septante, huict souls et trois
» deniers 70   08   03

» Par le patron Jean-Antoine Deriuin, Messieurs, il
» vous plaira faire remettre au Supérieur des Prêtres de
» la Congrégation de la Mission, la somme ci-dessus dé-
» clarée, employée pour des provisions de la barque
» *Sainte-Anne et Saint-Joseph,* patron Antoine Veneau,
» que vous avez envoyée en cette ville d'Alger.

» Votre très humble et très obéissant serviteur. »

Rôle des Captifs délivrés par les soins du P. Le Vacher

« Rôle des Francois qui étoient déteneus en la ville

» d'Alger et qui ont repassé en France, au mois de fé-
» vrier de la présente année mil six cent septante-six,
» sur la barque nommée *Sainte-Anne et Saint-Joseph*,
» commandée par le patron Antoine Veneau, du Marti-
» gues, sur laquelle les Échevins de la ville de Marseille
» ont faict passer vingt-deux Turcs, de l'ordre du Roy,
» en ladite ville d'Alger :

   » Augustin-Charles d'Aviler, de Paris ;
   » Antoine Des Godetz, de Paris ;
   » Jacques-Gabriel Dalbigni, de Paris;
   » Louis Ricard, de Beauvais;
   » Giles Gilteau, de Maëstrickt ;
   » André Colin, de Lyon ;
   » Alphonse Étienne, de Grenoble ;
   » Thomas Liourre, de Tullins, en Dauphiné ;
   » Jean Saludes, de Hesche, en Guienne;
   » Pierre Cardaillac, de Périgord ;
   » Francois Tulle, d'Avignon ;
   » Joseph-Anselme Palarre, prêtre d'Avignon;
   » Claude Mibhelet, d'Avignon ;
   » Étienne Jousselin, d'Avignon ;
   » Alexandre Cartinel, de Peinier, en Provence;
   » François Giraudin, de Marseille ;
   » Jean de Menon, de Monbretson ;
   » Salvi Rabier, de Bordeaux ;
   » Antoine Grisard, d'Aramon, en Languedoc ;
   » Daniel Guiton, de Meschers, sur la rivière de Garon-
» ne, en Saintonge ;
   » Claude Rodron, de Subire, sur la rivière de Garonne,
» en Saintonge;
   » Trois matelots de Provence qui se sont trouvés pas-
» sagers sur une barque de Mayorque prise par des Cor-
» saires de la dite ville, savoir :
   » Pierre Arnault;
   » Louis Nerate ;
   » François Lantié.

» Jean Vaillant, de la ville de Beauvais, s'est embar-
» qué le quatorzième du mois de mars de l'année pré-
» cédente mil six cent septante-cinq, sur l'ordre du Day
» de la susdite ville d'Alger, pour porter les lettres du
» Divan au Roy.

» Michel Camalet, de Hesche, en Guienne, et Jean Du-
» pré, de Pézénas, se sont embarqués le sixième de juil-
» let de la même année mil six cent septante-cinq, sur
» les vaisseaux commandés par M. Gabaret, qui étoient
» à la rade de la dite ville d'Alger. »

Lettre du P. Le Vacher à MM. les Échevins de Marseille

Alger, le 26 février 1676.

« MESSIEURS,

» Bien que je vous aïe écrit par le retour de la barque
» du patron Antoine Veneau, qui est parti d'icy le 21 de
» ce mois, incertain néansmoins de ce qui luy auroit peu
» arriver dans son retour à Marseille, je vous écris cette
» seconde pour vous confirmer ce dont je vous ay ad-
» visé par icelle, savoir : que ladite barque arriva icy le
» 14 de ce mois, avec les Turcs que vous avez envoyés,
» à la réserve d'un vieux de plus de 90 ans, qui est mort
» dans le passage. Les autres, après s'être débarqués,
» furent au Divan, où, ayant été reconneu qu'il n'y en
» avoit qu'une partie de ceux que le Day et le Divan
» avoient demandés au sieur Arvieu, lorsqu'il étoit en
» cette ville, et que les autres avoient été reteneus sur
» les galères à Marseille, pour qui on avoit renvoyé des
» Maures invalides, le Day et le Divan, au lieu de me re-
» mettre les Francois déteneus en cette ville, délibérèrent
» de retenir les principaux et de renvoyer les autres en
» France, ou bien de les vendre tous, et de l'argent qui
» proviendroit de leur vente, acheter des Francois inva-

» lides et les renvoyer en France, ce que, par la miséri-
» corde de Notre-Seigneur, j'empêchay en représentant
» audit Seigneur Day et au Divan assemblé que ce pro-
» cédé ne pouvoit produire qu'un pernicieux effet à la
» paix établie et conservée depuis tant d'années entre
» la France et son Royaume, et que, s'ils le trouvoient
» bon, j'écrirois en France et y enverrois un rôle des
» Turcs qu'ils avoient demandés audit sieur Arvieu,
» par lequel on reconnaîtroit ceux qui avoient été ren-
» voyés et ceux qui avoient été reteneus, et mesme les
» Maures pour qui ils avoient été échangés ; que le Roy,
» ayant, par ce moyen, reconneu qu'on avoit, en ce ren-
» contre, agi contre ses ordres et contre son intention,
» il en feroit justice indubitablement, ce qu'ils trouvè-
» rent à propos ; de sorte que, par ce moyen et une do-
» native qu'il a falleu faire de dix-sept cent vingt-quatre
» pièces de huict à la paye des soldats, irrités de ce que
» leurs camarades avoient été déteneus et qu'on avoit
» renvoyé à leur place des Maures invalides, tous les
» Francois déteneus icy et trois jeunes matelots de Pro-
» vence nouvellement pris repassant en France sur une
» barque génoise après avoir été pris des Mayorquains,
» me furent remis et ont repassé ensemble sur la sus-
» dite barque du patron Antoine Veneau.

» Le Day et le Divan prétendent incessamment que
» l'on renvoie au plus tôt le reste des Turcs qu'ils
» avoient demandés au sieur Arvieu et qu'on a reteneus
» sur les galères ; à la place desquels on a renvoyé des
» Maures invalides, ensemble les Turcs ou Maures de ce
» pays qui ont fuy d'Espagne et d'Italie en France. J'en
» ay advisé M. le Marquis de Seignelay, à ce qu'il le re-
» présente au Roy.

» J'ay, Messieurs, payé pour les Francois qui étoient
» détenus icy et qui ont repassé en France, la somme de
» six cent quarante pièces de huict, savoir : trois cent
» vingt pour leur subsistance depuis dix mois que le
» sieur Arvieu est party d'icy, et des habits et autres

» choses nécessaires que je leur ay subministrées ; cent
» neuf pour satisfaire à des dettes que quelques-uns ont
» faictes ; et deux cent vingt-cinq que j'ay contribué à la
» donative qu'il a falleu faire à la paye des soldats pour
» leur obtenir la liberté. Je ne crois pas, Messieurs, que
» votre bonté souffre qu'une personne qui apporte tous
» ses soins pour procurer la conservation de la paix en
» ce pays si favorable et nécessaire au bien de votre
» commerce, supporte la perte de cette somme. Il vous
» plaira la payer à M. Amiraud, Supérieur des Prêtres
» de la Congrégation de la Mission, en votre ville de Mar-
» seille, avec celle contenue au présent mémoire que je
» vous envoie, laquelle j'ay faicte pour des provisions
» de la barque du patron Veneau, que vous avez envoyé
» icy pour apporter les Turcs.

» Un Envoyé de Hollande est arrivé icy depuis quel-
» ques mois pour demander la paix, laquelle il n'a pu
» obtenir, quelque instance qu'il ait faicte et quelque do-
» native considérable qu'il s'est offert de faire pour ce
» sujet. Le Day luy a, depuis quelques jours, ordonné de
» se retirer : il en a incontinent advisé le Prince d'Orange
» et les Seigneurs des États, qui l'ont envoyé, et n'at-
» tend que leur réponse et un vaisseau de sa nation pour
» rembarquer. Je suis très cordialement, en l'amour de
» Notre-Seigneur et de sa Très-Sainte Mère, Messieurs,
» votre très humble et très obéissant serviteur. »

Lettre de M. de Seignelay à MM. les Échevins et Députés
de Marseille

Versailles, le 10 juillet 1677.

« Le Roy ayant donné ordre au Sieur Demuyn, In-
» tendant de la Marine à Rochefort, de renvoyer à Mar-
» seille quatre Turcs qui ont été trouvés sur un vaisseau

» anglois qui a été pris à la mer, Sa Majesté m'ordonne
» de vous écrire qu'aussitôt que ces quatre Turcs y se-
» ront arrivés, Elle veut que vous leur fassiez fournir
» une barque pour les transporter à Alger, ou que vous
» les fassiez embarquer sur le premier vaisseau qui ira
» en cette ville, étant important au commerce de votre
» ville de traicter favorablement lesdits Turcs.

» Signé : SEIGNELAY. »

Lettre du P. Le Vacher à MM. les Échevins de Marseille

Alger, le 21 novembre 1677.

« MESSIEURS,

» Votre lettre du 18 du mois précédent me fut rendeue
» à l'arrivée de la présente polacre en cette ville, avec
» celle que vous avez écrite aux Puissances de ce pays,
» pour obtenir la relaxation d'une caissette remplie de
» satins et velours, partie noirs, partie cramoisins, char-
» gée à Gênes par M. Compans, Consul de notre nation,
» pour le compte de M. l'Intendant Rouillé, sur un vais-
» seau anglois nommé *Les Armes d'Angleterre,* pris
» par quelques vaisseaux Corsaires de cette ville, sous
» les isles de Sainte-Marguerite.

» Sitôt, Messieurs, que j'ay receu votre lettre, avec
» celle pour les susdites Puissances, je la leur ay été
» aussitôt rendre, accompagné du Truchement, par le-
» quel je leur ay faict entendre, touchant ce que vous
» m'avez écrit de la susdite caissette, et d'une autre de
» M. l'Intendant Brodart (1), chargée à Gênes sur le
» mesme vaisseau anglois, par ledit sieur Compans, Con-

(1) D'après M. Jal, M. Brodart était, non pas Intendant, mais
bien Commissaire général de la Marine. (Jal, Ab. Duquesne, t. I,
p. 390, 432, 570, etc.).

» sul, et prise par les mesmes vaisseaux Corsaires. Le
» Seigneur Day et son gendre, qui pour lors étoient au
» Divan, me répondirent que quand ces vaisseaux qui
» avoient pris ces caissettes, l'une de M. l'Intendant
» Rouillé et l'autre de M. l'Intendant de Brodart, seroient
» de retour en cette ville, ils procureroient de me les
» faire rendre, en cas que les soldats de ces vaisseaux
» ne les eussent ouvertes et fait caraporta (1) d'icelles
» entre eux, c'est-à-dire se partager ce qui se trouveroit
» en icelle, comme ils ont de coutume de faire avant que
» d'arriver en cette ville. Voilà, Messieurs, tout ce que
» je vous puis témoigner pour le présent pour réponse
» à votre lettre ; quand les vaisseaux seront arrivés, et
» qu'on attend de jour à autre, je ne négligeray rien, à
» votre considération et à celle de MM. les Intendants de
» Rouillé et de Brodart, pour procurer que l'une et l'au-
» tre caissettes me soient rendeues, et vous adviseray
» aussitôt par la première commodité de ce que j'auray
» pu obtenir.
» Je suis, etc.

» Depuis la présente écrite, les trois vaisseaux Corsai-
» res d'icy qui ont pris le vaisseau anglois sur lequel
» étoient les deux caissettes chargées à Gênes, l'une
» pour M. l'Intendant Rouillé et l'autre pour M. l'Inten-
» dant Brodart, sont arrivées icy, et, à leur arrivée, j'ay
» été trouver les Puissances pour recouvrer, par leur
» auctorité, les deux susdites caissettes. Ils m'avoient
» promis de me les envoyer sitôt qu'elles auroient été
» débarquées ; mais les soldats qui commandent pré-
» sentement en cette ville, s'y sont opposés et ont vouleu
» absolument qu'elles aient été vendeues, à quoy le Day
» n'a pu ou osé résister. Elles ont été achetées le dou-

---

(1) Partage clandestin que faisaient entre eux les équipages avant
d'arriver au port, en fraudant ainsi les droits réguliers et la part
des armateurs.

» ble de ce qu'elles avoient été achetées à Gênes, ce qui
» m'a obligé de les abandonner. C'est ce que je témoigne
» à mesdits Sieurs Intendants de Rouillé et Brodart.
» Je suis, etc. »

Lettre du P. Le Vacher à MM. les Échevins de Marseille

Alger, le 7 décembre 1679.

« MESSIEURS,

» Les Puissances de ce pays ayant trouvé bon d'écrire
» au Roy à la considération d'une prise d'icy que le temps
» a porté à la Rochelle, il y a environ quatre mois, et de
» sept Turcs ou Maures de cette ville, qui étoient escla-
» ves en Espagne, d'où s'étant procuré la liberté par la
» fuite, ont dans leur passage rencontré un vaisseau
» francois qui les a pris et les a portés à Marseille, où,
» sitôt qu'ils ont été arrivés, on les a mis sur les ga-
» lères. C'est ce qu'ils ont, par lettres, représenté à leurs
» parents en cette ville, lesquels en ont en même temps
» porté leurs plaintes au Seigneur Day et au Divan. Le
» susdit Seigneur, à cette considération, a faict repasser
» en France le sieur Gandé, Agent de la Compagnie du
» Bastion en cette ville, pour expressément porter au
» Roy les lettres qu'il écrit à Sa Majesté au sujet de la
» susdite prise et des susdits sept Turcs ou Maures de
» ce pays, injustement déteneus à Marseille, et en rap-
» porter au plus tôt la réponse.

» Et, parce que si on ne donne pas satisfaction de la
» susdite prise et desdits Turcs ou Maures, les ressen-
» timents que les Puissances de ce pays en pourroient
» avoir, seroient indubitablement préjudiciables au né-
» goce, il vous plaira, comme j'ay faict, solliciter par vos
» lettres Monseigneur Colbert, pour obtenir du Roy les
» ordres nécessaires pour l'entière restitution de la sus-

» dite prise et la liberté desdits sept Turcs ou Maures,
» et que ces derniers puissent passer icy par la pre-
» mière occasion.

 » Et, parce que ledit Seigneur Day a expressément or-
» donné au patron Pierre Allègre, patron de cette bar-
» que qui devoit aller à Livourne directement, de mettre
» à Marseille ou à sa côte ledit sieur Gandé, Agent de la
» Compagnie, qu'il, pour les motifs ci-dessus, a faict
» embarquer sur la barque dudit-patron pour repasser
» en France, il vous plaira gratifier le susdit patron de
» ce qu'il s'est, pour ce sujet, détourné de son voyage.
 » Je suis, etc. »

Lettre du P. Le Vacher à MM. les Échevins de Marseille

Alger, le 25 mai 1680.

 « MESSIEURS,

 » Il y a peu de jours que je me suis donné l'honneur
» de vous écrire par le retour du patron Noël Fabre, qui
» partit d'icy en compagnie du Capitaine Antoine Ju-
» lien ; ce pauvre Capitaine, se retrouvant sur l'isle de
» Mayorque, un jour après son départ de cette ville, a
» été rencontré par un Corsaire de Sallé, lequel l'a pris
» et rapporté en cette dite ville. Les personnes de l'équi-
» page de ce pauvre Capitaine imputent sa prise et leur
» esclavage à son peu d'expérience de commandement ;
» bien que, chrétiennement, ils dussent la remettre à la
» divine Providence, qui l'a permis pour des fins qui
» leur sont inconneues ; et, parce que j'ay appris que ce
» même Corsaire de Sallé, qui commande une barque,
» a témoigné vouloir aller avec sa barque à la côte de
» Provence, pour y faire des prises de Francois, Génois,
» Livournois et autres qu'il y pourra trouver, se disant
» de cette ville d'Alger, j'ay creu être de mon devoir de

» vous en adviser ; à ce que, s'il y a quelques batiments
» destinés pour conserver la côte de Provence, leurs
» Commandants en soient par vous informés.

» Je suis, etc. »

Lettre du P. Le Vacher à MM. les Échevins de Marseille

Alger, le 7 mai 1680.

« MESSIEURS,

» Je me donne l'honneur de vous écrire la présente
» pour vous représenter que ce jourd'huy, on m'a faict
» appeler au Divan de cette ville, au sujet d'un patron
» du Martigues, nommé André Pons, lequel prétendoit
» enlever des esclaves de différentes nations, avec les-
» quels luy ou ses mariniers avoient eu pour ce sujet
» quelque secrète intelligence. Les susdits esclaves ont
» été repris par des Maures et ramenés au Divan avant
» qu'ils se soient embarqués.

» La tartane dudit patron, nommée *Saint-Pierre*, qui
» étoit partie de ce port pour Oran ; que si le susdit pa-
» tron fusse venu à terre avec sadite tartane, pour pren-
» dre les susdits esclaves, comme il fit plusieurs bor-
» dées pour ce sujet, il auroit indubitablement été rete-
» neu avec les personnes de son équipage, et tous au-
» roient été faicts esclaves et, possible, chatiés exem-
» plairement.

» Les Puissances de ce pays m'ont ordonné, Mes-
» sieurs, de vous adviser du mauvois procédé du susdit
» patron, à ce que vous l'en fassiez chatier, pour empê-
» cher qu'un autre, le voulant imiter, ne leur donne oc-
» casion de rupture à la paix, qu'ils prétendent conser-
» ver avec les Francois, et de les adviser par la première
» occasion du chatiment que vous aurez exercé envers
» le susdit patron.

» Je suis, etc. »

8

Alger, le 13 mai 1680.

Lettre du P. Le Vacher à MM. les Échevins de Marseille

« MESSIEURS,

» Il y a peu de jours que je me suis donné l'honneur
» de vous écrire par voie de Livourne, ce que je fays
» encore présentement par voie du Bastion pour le
» même sujet, savoir : pour vous témoigner que le
» Seigneur Day, irrité de ce que le patron André Pons
» du Martigues, arrivé d'Iviça avec la tartane nommée
» *Saint-Pierre*, voyant qu'il n'avoit rien à charger en
» cette ville, s'en est allé vide pour Oran, ayant enlevé
» au préjudice de la paix le Capitaine Antoine Jullien de
» Marseille, pris par un Corsaire de Sallé, et prétendant
» enlever avec icelui huict ou dix esclaves de cette ville
» de différentes nations, moyennant je ne say quelle
» somme ils devoient donner au susdit patron André
» Pons, selon qu'ils l'ont déposé en ma présence au
» Divan, après y avoir été reconduits de la Marine où
» ils n'eurent pas le temps de s'embarquer sur la tar-
» tane du susdit patron, lequel le Seigneur Day vouloit
» envoyer prendre en mer pour le faire esclave et toutes
» les personnes de son équipage; ce que j'ay empêché.
» Cependant le susdit Seigneur prétend et veut que la
» nation païe mille écus pour le susdit Capitaine Antoine
» Jullien que le susdit patron André Pons, du Martigues,
» a enlevé, et de plus, m'a le susdit Seigneur ordonné de
» vous adviser de cette action d'hostilité que le sus-
» dit patron André Pons a faicte icy au préjudice de la
» paix, à ce que vous procuriez qu'il en soit chatié, et
» que, par la première commodité, vous l'advisiez
» expressément du chatiment qu'on aura exercé en
» France contre luy. Il vous plaira m'adresser la lettre
» que vous trouverez bon d'écrire audit Seigneur, pour
» ce sujet, pour lui donner quelque satisfaction.

» Le susdit Seigneur Day attend incessamment les
» sept Turcs ou Maures de cette ville, injustement déte-
» neus à Marseille, que vous m'avez advisé par votre der-
» nière lettre avoir été remis en liberté par la piété de
» notre Invincible Monarque.

» Je vous supplie, Messieurs, de procurer qu'ils re-
» passent icy par la première occasion.

» Je suis, etc. »

Alger, le 8 juin 1680.

Lettre du P. Le Vacher à MM. les Échevins de Marseille

« MESSIEURS,

» Je n'ay reçu que depuis quelques jours, à l'arrivée
» du patron Jean Planouze, de la Ciotat, en cette ville, la
» lettre qu'il vous a pleu m'écrire du 7 mars, par laquelle
» vous m'advisiez de l'imprudence commise par le patron
» Pierre Allègre, parti au mois de décembre dernier de
» cette ville pour Livourne, pratiquant en son passage
» avec des personnes qui venoient des lieux suspects, a
» ensuite mis à Bandol le sieur Gaudé que les Puis-
» sances de ce pays avoient fait repasser en France.
» Comme je vous advise par celle que je me donne l'hon-
» neur de vous écrire, le 7 du même mois, à un autre pas-
» sage, fut lui-même à la Ciotat pour ses intérêts parti-
» culiers.

» Je vous asseure, Messieurs, que ce procédé impru-
» dent méritoit, non la gratification que je vous avois
» supplié de lui faire en considération de ce qu'il s'étoit
» détourné de sa route pour mettre à la côte de France
» le sieur Gaudé, suivant les intentions des susdites
» Puissances de ce pays, mais quelque chatiment; mais,
» puisque, grâce à Dieu, il n'est survenu aucun sinistre
» accident du procédé imprudent du susdit patron, je
» vous supplie humblement luy vouloir pardonner.

» Par la lettre précédente du 20 janvier, et la copie
» d'icelle qu'il vous a pleu m'écrire, vous m'advisâtes
» qu'il avoit pleu au Roy ordonner de remettre en liberté
» sept Turcs ou Maures de cette ville, injustement déte-
» neus dans les galères de Marseille que les puissances
» de ce pays avoient demandée.

» Par la barque du patron Jean Planouze, de la Ciotat,
» nouvellement arrivé, ces pauvres gens ont écrit à
» leurs parents qu'on les avoit remis de nouveau sur
» les galères et qu'on les avoit forcés de faire le voyage :
» leurs parents en ont en même temps porté leurs
» plaintes aux Puissances, auxquelles Puissances ils
» ont exhibé les lettres qu'ils avoient nouvellement
» receues. Lesquelles Puissances en ont été tellement
» irritées, et du retardement des réponses aux lettres
» qu'ils ont écrites au Roy par deux diverses fois l'année
» précédente, qu'ils avoient résoleu de retenir en cette
» ville le sieur de Maltot, envoyé du Roy aux côtes de
» Barbarie pour y acheter des chevaux pour le service
» de Sa Majesté, sa barque, quelques chevaux qu'ils
» avoient achetés à Tunis, tous les batiments francois
» qui se trouvent présentement en ce port avec leurs
» équipages et même tous ceux qui y viendront à l'ave-
» nir, jusqu'à ce que les susdites réponses qu'ils attendent
» incessamment et très impatiemment leur soient en-
» voyées avec les susdits sept Turcs ou Maures de cette
» ville déteneus à Marseille ; après néansmoins leur avoir
» représenté le mauvois effet que pourroit causer en
» France ce déterminé, notamment celui dudit sieur de
» de Maltot, envoyé du Roy, ils ont relaché le tout à
» cette condition que, si deux mois après le retour en
» France dudit sieur Maltot, on ne leur envoïe pas la ré-
» ponse des lettres qu'ils ont écrites au Roy et les sept
» Turcs ou Maures déteneus en France, ils prendront ce
» retardement et ces négligences pour une marque ma-
» nifeste et indubitable de rupture que la France prétend
» faire à la paix établie depuis tant d'années entre elle

» et ce Royaume, laquelle ils ne pourront plus conserver
» comme ils souhaiteroient.

» J'ai creu, Messieurs, être de mon devoir de vous
» adviser de tout ce que dessus, en ce que qu'il vous
» plaise de procurer, la présente receue, les susdites ré-
» ponses que les Puissances de ce pays attendent inces-
» samment et de les envoyer même expressément ou
» plutôt avec les susdits sept Turcs ou Maures, afin de
» prévenir le sinistre accident que pourroit causer à la
» paix et au commerce le retardement.

» Le mal contagieux a recommencé depuis quelques
» jours en cette ville ; quelques personnes sont mortes
» et d'autres sont gravement atteintes ; il sera expédient,
» Messieurs, que vous advisiez les Puissances de ce pays
» de la diligence que vous aurez faicte procurer et obte-
» nir du Roy la réponse de leur lettre et la liberté des
» susdits sept Turcs ou Maures qu'ils prétendent, et mê-
» me le chatiment qu'on aura exercé en France contre
» le patron André Pons, du Martigues, qui a voulu enle-
» ver quelques esclaves de·cette ville pris par un Sale-
» tin, pour lequel il nous a falleu payer mille pièces de
» huict.

» Je suis, etc. »

*Lettre de M. de Seignelay à MM. les Échevins et
Députés de Marseille*

Fontainebleau, le 4 juillet 1680.

« J'ay rendu compte à Sa Majesté de ce que vous m'a-
» vez écrit concernant la réponse que le Day d'Alger de-
» mande aux lettres qu'il a écrites sur le sujet des sept
» Turcs d'Alger qui ont été mis sur les galères de Sa
» Majesté, sur quoy Elle m'a ordonné de vous écrire
» qu'Elle a chargé M. Duquesne d'aller, avec les vais-

» seaux qu'il commande, devant ladite ville d'Alger, pour
» faire réponse audit Day, et particulièrement sur ce qui
» regarde la restitution desdits sept Turcs. Mais comme
» les autres services auxquels il sera occupé, pendant
» la campagne, pourroient l'empêcher d'aller devant la-
» dite ville avant la fin d'octobre ou le commencement
» de novembre prochain, Sa Majesté veut que vous fas-
» siez savoir au Gouvernement de ladite ville, soit par
» une barque que vous y pourrez envoyer exprès, ou
» par telle autre occasion qui pourra se présenter, qu'ils
» auront incessamment réponse à toutes leurs lettres, et
» que Sa Majesté leur fera savoir ses intentions sur la
» restitution desdits sept esclaves.

» Signé : SEIGNELAY. »

Lettre du P. Le Vacher à MM. les Échevins de Marseille

Alger, le 14 août 1680.

« MESSIEURS,

« Le sieur Pierre Bouquier, du Martigues, qui paya, il
» y a environ quatre ans et demi, cent pièces de huict
» en cette ville, par ordre du Seigneur Day, pour satis-
» faire à des soldats de cette ville pris par un vaisseau
» de France à la mer, auxquels les Francois avoient pris
» des hardes estimées à la susdite somme, m'a témoigné
» n'en avoir pas été remboursé, ny en partie, ny pour le
» tout, par Messieurs vos prédécesseurs ; il me semble,
» Messieurs, que vous ferez justice, ne permettant pas
» que ce pauvre homme souffre toute cette perte, le fai-
» sant par le commerce rembourser de cette somme ou
» d'une partie d'icelle et de cinquante autres pièces de
» huict qu'il a nouvellement payées à la considération
» du Capitaine Antoine Jullien, de la ville de Marseille,

» que le patron André Pons, du Martigues, enleva de
» cette ville au mois de may dernier.
» Je suis, etc. »

Lettre du P. Le Vacher à MM. les Échevins de Marseille

Alger, le 16 août 1680.

« MESSIEURS,

» Le patron Noël Fabre arriva icy le deux de ce mois,
» et s'étant débarqué, il m'apporta la lettre qu'il vous a
» pleu m'écrire du 17 juillet, à laquelle étoit jointe une co-
» pie de celle que vous a écrite Monseigneur le Marquis
» de Seignelay, pour réponse à celle que vous luy avez
» écrite touchant les réponses que les Puissances de ce
» pays attendent incessamment et très impatiemment
» aux lettres qu'ils ont écrites au Roy l'année précédente.
» Le susdit patron m'apporta en même temps la lettre
» que vous avez trouvé bon d'écrire aux susdites Puis-
» sances pour les adviser des diligences que vous avez
» faictes pour leur procurer les susdites réponses, leur
» témoignant qu'elles leur devoient être apportées, de
» l'ordre du Roy, par M. Duquesne, lequel les informe-
» roit en même temps des intentions de Sa Majesté tou-
» chant les sept Turcs ou Maures de cette ville déteneus
» à Marseille.
» Cette lettre, Messieurs, fut incontinent portée aux
» susdites Puissances, qui, après en avoir entendeu la
» teneur par notre Truchement, firent paroître un res-
» sentiment de colère pour deux motifs, à ce qu'ils té-
» moignèrent : l'un, à cause que les susdites réponses
» tant attendeues ne leur avoient pas été envoyées par la
» barque du susdit patron ; et l'autre, parce qu'elles de-
» voient être envoyées par les vaisseaux du Roy, ap-
» préhendant les désordres que cause ordinairement

» leur arrivée devant cette ville, par la réception qu'ils
» donnent librement à tous les esclaves qui prétendent
» se procurer la liberté par la fuyte sur iceux; ajoutant
» que, si cela arrive, ils me feroient embarquer sur l'un
» d'iceux pour repasser en France.

» Il en sera ce que Dieu permettra par sa toute pater-
» nelle providence.

» Je ne say, Messieurs, si vous aurez été informés
» que la barque du patron Claude Ardiston, du Marti-
» gues, qui avoit parti de Marseille pour Tunis, le mois
» précédent, a, dans son passage, été rencontrée par
» deux galères de cette ville qui l'ont prise et envoyée
» icy; elle arriva le 14 du même mois. Sitôt qu'on m'en
» eût apporté l'advis, je la fus répéter aux Puissances
» avec ledit patron; toutes les personnes et le charge-
» ment d'icelle; le tout, à la vérité, me fut rendeu, à la
» réserve de huict personnes qui étoient de passage,
» quatre hommes et autant de femmes ou filles, savoir :
» trois Siciliens et trois Siciliennes, un Génois qui se dit
» marié depuis peu à Marseille, et une jeune Juive d'en-
» viron 17 ans, nouvellement convertie à Marseille, d'où
» elle passait à Tunis pour y épouser le sieur Labat,
» marchand de Marseille; quelques instances que j'aïe
» peu faire envers les Puissances en faveur de ces pau-
» vres gens, je n'ay peu empêcher qu'ils n'ayent été faicts
» esclaves, à cause qu'ils n'étoient pas Francois. Le sus-
» dit patron se remit à la voile le même jour pour con-
» tinuer son voyage à Tunis. Voilà, Messieurs, de quoy
» j'ay creu vous devoir adviser, et de ce que, grâce à
» Dieu, la santé est très bonne en cette ville, sans aucun
» suspect de peste ny autre mal contagieux.

» Je suis, etc. »

« Il vous plaira procurer que les sept Turcs ou Maures
» de cette ville, déteneus à Marseille, soient envoyés
» par M. Duquesne. »

Lettre du P. Le Vacher à MM. les Échevins de Marseille

Alger, le 16 août 1680.

« MESSIEURS,

» Je n'ajoute ce billet à la présente que je me suis
» donné l'honneur de vous écrire que pour vous adviser.
» Il est parti de ce port un vaisseau de Tripoli en course,
» mal armé. Il est venu en cette ville chargé de marchan-
» dises de Levant, et, dans sa route à la hauteur du
» Collo, lieu de cette côte et dépendant de ce Royaume,
» a pris une petite barque de la ville d'Agde, en Langue-
» doc, chargée de vin et d'eau-de-vie, qui avoit parti
» d'icy pour aller à Tunis. Le vendre ne l'ayant pu faire
» icy, les Puissances de ce pays ont empêché qu'aucun
» soldat de cette ville ne se soit embarqué sur ce
» vaisseau de Tripoli, à peine de vouloir perdre sa païe.
» L'on croit que ce vaisseau va d'icy à la côte de Pro-
» vence, et, à cette considération, j'ai creu vous en devoir
» adviser.
» Je suis. »

*Lettre de M. de Seignelay à MM. les Échevins et Députés
du Commerce de Marseille*

Versailles, le 14 septembre 1680.

« J'ay receu, avec votre lettre du 7 de ce mois, la copie
» de la lettre que le sieur Le Vacher vous a écrite; le Roy
» a donné l'ordre à M. Duquesne de se rendre incessam-
» ment à Alger et de prendre garde de donner aucun
» sujet de plainte au Day et Divan de cette ville concer-
» nant les esclaves, et d'empêcher qu'il ne s'en puisse
» sauver aucun à bord des vaisseaux qu'il commande.
» Et, pour ce qui est des autres points sur lesquels
» lesdits Day et Divan demandent réponse, il leur fera
» connaître les intentions de sa Majesté.
» *Signé :* SEIGNELAY. »

Lettre de M. Lebar à MM. les Consuls et Gouverneurs
de la ville de Marseille

Alger, le 30 octobre 1680.

« Messieurs,

» L'intérêt de ma patrie, se trouvant joint aux miens
» particuliers, qui m'a conduit en cette ville m'oblige de
» vous écrire que si sa Majesté, par sa bonté, ne daigne
» remédier au mal imminent qui menace ses sujets,
» assurément et sans doute que ces Corsaires ayant
» franchi le pas de prendre des étrangers sur vos bati-
» ments contre la foi des traités, ils passeront plus avant
» par cette impunité. Je ne vous parle pas de la prise des
» Messinois sur Ardisson, mais même d'une de vos
» filles, ma femme, baptisée à Marseille. Ils menacent
» même de prendre les marchandises étrangères sur les
» batiments francois, qui va apporter une étrange con-
» fusion; et, sous ce prétexte, prendront aussi des leurs
» propres. Le seul remède est de leur accorder les Turcs
» et Maures qu'ils demandent et supplier très humble-
» ment Sa Majesté qu'elle daigne vous les donner et les
» envoyer par des vaisseaux de guerre pour en faire
» échange. Il faut que ces vaisseaux viennent à dessein
» pour remédier à un mal qui aura des suites fâcheuses,
» si on n'y met la main de bonne heure.

» Nous attendons tous les moments M. Duquesne,
» qu'on nous fait espérer. S'il ne vient résolument pour
» avoir raison de ces insolences par un séjour au moins
» de quinze jours à leurs côtes, ou s'y fesant voir di-
» verses fois, il n'obtiendra rien, et les menaces sans les
» coups ou la persévérance les met hors de crainte et
» les jette dans l'insolence.

» La restitution de ces Turcs et Maures, dont les pa-
» rents font des plaintes continuelles, est absolument
» nécessaire. Ils demandent qu'on leur donne des
» Francois à leur place, puisqu'ils ne peuvent avoir leurs

» parents, et à la fin ils iront aux extrémités. Il plaira
» à Sa Majesté les accorder pour le bien de ses sujets,
» pour les garantir de la mauvoise intention de ces gens
» qui ne demandent que des prétextes et à vous,
» Messieurs, de diligenter autant qu'il vous sera possible
» l'exécution de ces ordres.

» Croyez, cependant, Messieurs, que je postpose mon
» intérêt à celui de ma patrie, ayant voulu que ma femme
» eut l'honneur d'être votre fille par le baptême que je
» lui ay procuré par la grâce de Dieu, et souhaitant la
» liberté de votre commerce et la liberté de tant de
» pauvres Marseillois qui peuvent courir risque de de-
» venir esclaves, si on en prévient le danger ; ces consi-
» dérations m'ont meu à vous en donner advis, et, à cette
» occasion, vous témoigner combien je suis, Messieurs,
» votre très humble et très obéissant serviteur.

» DE LEBAR (1). »

Lettre du P. Le Vacher à MM. les Échevins de Marseille

Alger, le 20 novembre 1680.

« MESSIEURS,

» La présente est pour vous témoigner que M. Du-
» quesne n'est pas encore veneu icy. La tartane comman-
» dée par le Capitaine Antoine Patan, du Martigues, arriva
» icy le cinquième du présent mois, le matin. Il me dit,
» s'étant débarqué, que, la nuit précédente, s'étoit trou-
» vé avec l'escadre de M. Duquesne, à environ 30 ou 40
» milles de cette ville, où ils venoient ; que le mauvois
» temps les avoit séparés, que les vaisseaux avoient tiré

---

(1) M. Lebar était un négociant français établi à Tunis : c'est
de lui que parle le Père Le Vacher dans sa lettre du 16 août 1680
(page 101), où il le nomme M. Labat, en racontant la prise de sa
femme par les Corsaires.

» à la mer, et que luy avoit entré en ce port, où étoit le
» rendez-vous ; où le susdit Capitaine de la, susdite tar-
» tane a attendu M. Duquesne jusqu'à ce jourd'huy, 18 ;
» et, voyant que mondit sieur Duquesne ne venoit pas et
» qu'aucun vaisseau ne paraissoit, il a creu que mondit
» sieur Duquesne a rendeu le bord en France, avec toute
» son escadre, à cause qu'ils n'avoient des provisions
» que pour tout ce mois ; à cette considération, le susdit
» Capitaine a pris résolution de repasser en France avec
» sa tartane.

» Cependant, Messieurs, les Puissances de ce pays
» n'ayant pas receu les réponses aux lettres qu'ils ont
» écrites au Roy, par deux diverses fois, l'année précé-
» dente, lesquelles réponses, comme il vous a pleu les
» adviser, leur devoient être apportées au mois de sep-
» tembre ou octobre au plus tard, de l'ordre du Roy, par
» mondit sieur Duquesne, les attendent incessamment
» et avec très grande impatience, et les sept Turcs ou
» Maures déteneus à Marseille.

» A cette considération, et pour prévenir quelque si-
» nistre qui pourroit provenir du retardement à envoyer
» les susdites réponses tant attendeues desdites Puis-
» sances, il vous plaira de procurer à la Cour, la pré-
» sente receue, et les envoyer par la première commodi-
» té, avec les sept Turcs ou Maures de cette ville déte-
» neus à Marseille. La santé continue, grâce à Dieu, en
» cette ville, et est très bonne, sans aucun suspect de
» peste ny autre mal contagieux.

» Un Corsaire de Sallé a faict plusieurs prises dans le
» port de Storres (1), entre lesquelles sont un vaisseau et
» une barque de Cassis. Le moindre vaisseau de France
» armé qu'on enverroit au susdit port de Storres, ou à sa
» côte, se rendroit maître de ce pirate et empêcheroit tout
» le mal qu'il faict, notamment aux batiments francois.

» Je suis, etc. »

---

(1) Stora, port de la province de Constantine.

'xtrait d'une lettre du P. Le Vacher, écrite le 20 no-vembre 1680, au Supérieur de la Congrégation de la Mission, à Marseille.

« ...... M. Duquesne n'étant pas venu icy apporter les réponses des lettres que les Puissances de ce pays ont écrites au Roy, l'année précédente, lesquelles réponses sont incessamment et très impatiemment attendeues des susdites Puissances, j'ay creu en devoir adviser MM. les Échevins et Intendants du commerce de Marseille, par la lettre cy-jointe, qu'il vous plaira leur rendre, par laquelle je les supplie humblement de vouloir adviser à la Cour, comme les susdites réponses très impatiemment attendeues des Puissances de ce pays ne leur ont pas été envoyées suivant les advis qu'ils leur ont écrits par le patron Fabre, au mois d'aoust dernier; qu'ils procurent au plus tôt de la Cour lesdites réponses pour les envoyer icy expressément au plus tôt, avec les sept Turcs ou Maures de cette ville détenus à Marseille, que les Puissances de ce pays ont demandés et attendent incessamment; faictes instance, Monsieur, au nom de Dieu, envers mesdits sieurs les Échevins de Marseille, pour éviter quelque sinistre événement, que l'impatience des Puissances de ce pays pourroit causer du retardement de cet envoy, tant au commerce qu'à la paix établie depuis tant d'années par l'autorité du Roy avec les Turcs de cette ville et Royaume.... »

Lettre de M. de Seignelay à MM. les Échevins et Députés de Marseille

Saint-Germain, le 21 décembre 1680.

« Le Roy, cherchant toujours ce qui peut être avantageux au commerce de la ville de Marseille, Sa Majesté

» a bien voulu charger le Commissaire Hayet de lettres
» pour répondre à celles que le Day et le Divan ont cy-
» devant écrites, et pour leur demander l'exécution des
» traités qui leur ont été accordés, et la réparation des
» contraventions qui y ont été faictes; et, comme Elle
» estime nécessaire de faire faire ce traité au nom du
» commerce de ladite ville, Elle veut que vous fassiez
» préparer un batiment pour porter ledit Hayet à Alger,
» et que vous choisissiez un Député de votre corps pour
» aller avec luy à Alger, et agir de concert pour le bien
» du commerce; ne manquez pas d'exécuter le plus
» promptement qu'il vous sera possible ce qui est en
» cela des intentions de Sa Majesté, et faictes-moy sa-
» voir ce que vous ferez pour cela.

» *Signé :* SEIGNELAY. »

*Lettre de M. de Seignelay à MM. les Échevins et
Députés du commerce de Marseille*

Saint-Germain, le 8 février 1681.

« J'ay appris par la lettre que vous m'avez écrite le 28
» du mois passé, que le sieur Hayet et le Député que
» vous avez choisi pour l'accompagner à Alger sont par-
» tis le 27; j'ay rendeu compte au Roy de tout ce que
» vous avez faict à cette occasion. Sa Majesté a fort ap-
» prouvé la diligence avec laquelle vous avez exécuté les
» ordres qu'Elle vous a donnés, et Elle ne doute point
» que vous ne fassiez savoir exactement les nouvelles
» que vous recevrez de la suite de cette affaire.

» *Signé :* SEIGNELAY. »

*Lettre du P. Le Vacher à MM. les Échevins et Députés
du commerce de Marseille*

Alger, le 13 février 1681.

« MESSIEURS,

» J'ay creu devoir joindre la présente à celle que je me
» suis donné l'honneur de vous écrire, et que j'ay don-
» née à M. de Virelle, votre Député vers les Puissances
» de ce pays, pour vous représenter des sommes que
» j'ay payées et avancées, tant pour empêcher la rup-
» ture de la paix, qui auroit été extrêmement préjudi-
» ciable au commerce de France, et notamment a celuy
» de votre ville et province, que pour avoir subministré
» le vivre et le vêtir pendant plusieurs mois à des Fran-
» cois déteneus icy, et payé pour empêcher que des Fran-
» cois de Marseille, la Ciotat, Toulon, du Martigues et
» d'autres lieux de la Provence et autres lieux de France,
» pris par les Corsaires de cette ville, ne fussent faicts
» esclaves, que pour les avoir vêteus et entreteneus pen-
» dant plusieurs mois, en attendant l'occasion de les
» pouvoir faire repasser en France et pour les provi-
» sions de leur passage ; le tout se montant à plus de
» trois mille écus, savoir :

» Pour la subsistance de 22 Francois déteneus icy par
» ces Puissances environ 14 mois, et leur avoir submi-
» nistré le vêtir : sept cent cinquante pièces de huict, de
» quoy j'ay advisé vos prédécesseurs, desquels je n'ay
» eu aucune réponse favorable.

» Je vous renvoïe présentement deux personnes de
» Marseille, par une grâce de Dieu toute spéciale, sau-
» vées du naufrage par l'assistance des Maures. Ils
» étoient de l'équipage du vaisseau nommé *Saint-Louis,*
» commandé par le Capitaine Étienne Antoine, du Marti-
» gues, qui, après trois jours de son départ d'icy pour
» Livourne, a par le mauvois temps été rapporté à cette

» côte, vers Cherchel, où il a misérablement péri ; toutes
» les personnes, tant passagers que de l'équipage, ont
» été noyées, à la réserve de ces deux que je vous ren-
» voïe, pour lesquelles j'ay donné aux Maures qui les
» ont sauvées et me les ont apportées deux cents pièces
» de huict.

» De plus, j'ay donné aux Puissances, en diverses fois,
» pour obtenir la liberté de quelques Francois injuste-
» ment pris par les Corsaires, qu'ils prétendoient faire
» faire esclaves, et pour procurer leur faveur et protec-
» tion pour le commerce, environ mille cinq cents piè-
» ces de huict.

» Plus, pour avoir revêteu plusieurs Francois pris par
» les Corsaires de cette ville, les avoir enteteneus pen-
» dant plusieurs mois, en attendant l'occasion de les faire
» repasser en France, et pour les provisions de leur pas-
» sage, sept à huict cents pièces de huict.

» Il vous plaira, Messieurs, considérer que toutes ces
» sommes ont été payées, non à mon sujet, mais à la
» considération d'empêcher la rupture de la paix, qui
» auroit été extrêmement préjudiciable à votre commer-
» ce, et pour l'entretien de plusieurs Francois et conser-
» ver la liberté à d'autres. Je ne doute nullement que
» vous n'approuviez la restitution que je vous demande.
» C'est ce que j'attends incessamment de votre justice
» et piété, ce qui m'obligera, dans les occasions que la
» divine Providence permettra à l'avenir, de vous té-
» moigner, par la continuation de mes petits services,
» combien je suis, etc. »

Lettre du P. Le Vacher à MM. les Échevins de Marseille

Alger, le 21 mars 1681.

« Messieurs,

» Je ne doute nullement que par le retour à Marseille
» du sieur Hayet, Commissaire de la marine, Envoyé du

» Roy vers les Puissances de ce pays, et le sieur de Vi-
» relle, votre Député, joint à la lettre que je me suis
» donné l'honneur de vous écrire par le retour des sus-
» dits sieurs, que vous ne soyez présentement informés
» des intentions des susdites Puissances de ce pays pour
» la conservation de la paix, laquelle ils ont promis de
» confirmer et ratifier moyennant la restitution générale
» de tous les Francois faicts esclaves en cette ville de-
» puis la paix, et les Turcs et Maures de cette ville qui
» sont en France depuis l'établissement de la même paix.
» Les susdites ont, pour ce sujet, écrit à notre Invinci-
» ble Monarque et ont donné lettres aux susdits sieurs
» Hayet et à votre Député, desquelles lettres lesdites
» Puissances attendent incessamment la réponse.

» Depuis le départ de cette ville desdits sieurs Hayet
» et votre Député, un Corsaire de Sallé a pris une barque
» francoise commandée par le patron Mounaste, de Fron-
» tignan, qui avoit parti d'Alicante pour Marseille.

» Le chargement de cette barque, compris environ
» huict mille pièces de huict effectives qui se sont trou-
» vées dedans, est estimé à la valeur d'environ dix-neuf
» mille pièces de huict, sans les personnes, qui sont
» vingt-neuf, tant de l'équipage que passagers, tous
» Francois, à la réserve de deux, un Espagnol qu'on es-
» time de qualité et un Religieux Observantin Sarde.

» Le susdit Corsaire a apporté tous ces pauvres gens
» en cette ville, où ils sont maintenant, en attendant la
» commodité de les faire passer à Sallé, parce que je ne
» croy pas que les Puissances d'icy permettent qu'ils
» soient vendeus icy, après ce que je leur ay représenté.

» Je vous ay, ce me semble, Messieurs, représenté cy-
» devant que, pour empêcher la continuation des pira-
» teries des Corsaires de Sallé sur les François, en cette
» côte, il étoit expédient d'armer deux ou trois frégates
» qui courroient le long de la côte, depuis Bonne jusque
» en cette ville, et même vers Mayorque. Et quand mê-
» me elles resteroient quelques jours devant cette même

9

» ville, faisant entendre que c'étoit expressément pour y
» attendre les Corsaires de Sallé, il ne seroit que mieux;
» ce procédé possible porteroit les Puissances à ne pas
» donner comme ils font retraite à ces Corsaires enne-
» mis des Francois, au préjudice de la paix.

» J'ay creu, Messieurs, pour le bien du commerce, être
» obligé de vous réitérer cet advis, vous témoignant
» cette dernière prise faicte par ce Corsaire de Sallé.

» Je suis, etc. »

Lettre du P. Le Vacher à MM. les Échevins de Marseille

Alger, le 8 mai 1681.

« MESSIEURS,

» J'ay, à l'arrivée en cette ville du patron Noël Fabre,
» receu la lettre qu'il vous a pleu m'écrire, du 11 mars,
» pour m'adviser du retour à Marseille de M. Hayet, En-
» voyé du Roy vers les Puissances de ce pays, et de M.
» de Virelle, votre Député. J'ay, comme vous avez dési-
» ré, après la réception de votre dite lettre, témoigné aux
» Puissances de ce pays, comme vous aviez envoyé au
» Roy leur lettre, l'instance que vous aviez faicte à Sa
» Majesté, tant pour la réponse d'icelle que pour la res-
» titution des Turcs et Maures de cette ville et Royaume
» qui sont en France depuis la paix pour celle que les
» Puissances de ce pays offrent de tous les Francois qui
» sont icy, pour ensuite confirmer et ratifier la paix et la
» conserver inviolablement à l'avenir, selon la teneur
» des traités d'icelle ; les susdites Puissances ont été
» bien aise d'apprendre cette diligence que vous avez
» faicte ; ils attendent incessamment le retour dudit
» sieur Hayet et de mondit sieur de Virelle, votre Dépu-
» té, et avec eux les Turcs et Maures de cette ville qui
» sont en France, pour rendre les Francois.

» Pour réponse à l'une des lettres que je me suis don-

» né l'honneur de vous écrire par le retour de mesdits
» sieurs Hayet et Virelle, vous représentant les dépenses
» que j'ay faictes, tant pour l'entretien de quelques Fran-
» cois que pour des donatives qu'il m'a falleu faire pour
» empêcher quelques Francois tant de Provence que
» d'autres provinces de France n'ayent pas été faicts es-
» claves, les avoir revêteus et entreteneus pendant plu-
» sieurs mois et faict leurs provisions pour leur passa-
» ge, les renvoyant en France, comme les deux derniers
» que je vous ay renvoyés par lesdits sieurs Hayet et de
» Virelle, pour lesquels j'ay payé deux cents pièces de
» huict, toutes lesquelles dépenses que j'ay faictes pour
» cette fin se montant à plus de trois mille pièces de
» huict, vous me témoignez pour satisfaction, par votre
» dernière lettre, que vous voulez bien que l'argent que
» j'ay pris sur vos batiments, que vous estimez les bar-
» ques ou autres batiments de France qui sont veneus
» icy pour mon remboursement que je dis avoir faict
» suivant le raisonnement de ma dernière lettre, vous
» agréez qu'il me soit alloué, pourveu que la chose soit
» finie, et que dorénavant vous n'en ayez plus de plain-
» tes. Or, Messieurs, je n'ay encore rien receu de toutes
» ces dépenses que je vous ay advisé avoir faictes, les-
» quelles se montent à plus de trois mille pièces de
» huict. L'argent que j'ay été contraint de prendre de-
» puis environ un an, sur les barques ou autres bati-
» ments de France qui sont veneus icy, à raison de cin-
» quante pièces de huict pour chacun, a été pour payer
» mille pièces de huict que les Puissances ont faict payer
» à la nation à la considération du Capitaine Antoine
» Julien, de votre ville, esclaves que le patron André
» Pons, du Martigues, a enlevés d'icy au mois de mai,
» l'année précédente, laquelle somme de mille pièces de
» huict n'est pas encore entièrement payée.

» Il vous plaira donc, Messieurs, procurer que cette
» somme de trois mille pièces de huict que j'ay avancée,
» et que je vous ay demandée pour l'avoir consommée à

» la considération, tant pour la conservation de la paix
» envers les Puissances de ce pays pour empêcher les
» sinistres qui en pouvoient arriver au commerce, que
» pour retirer de l'esclavage plusieurs Francois, la plus
» part de Provence, me soit restituée et remboursée, ce
» que j'espère de votre justice et probité.

   » Je suis, etc. »

Lettre du P. Le Vacher à MM. les Échevins de Marseille

Alger. le 6 septembre 1681.

   « MESSIEURS,

   » Les Puissances de ce pays m'ont faict appeler ce
» matin au Divan pour y entendre la lecture de quelques
» lettres que leur ont écrites les Turcs et Maures de ce
» pays déteneus à Marseille, se plaignant non seulement
» de leur détènement, mais spécialement de ce que,
» après qu'il a pleu au Roy leur concéder la liberté, en
» suite du retour de cette ville en France de M. le Com-
» missaire Hayet, on les a contraints de faire un voyage
» à la galère.

   » Ces plaintes, Messieurs, ont tellement irrité les sus-
» dites Puissances et tout le Divan assemblés, qu'ils
» avoient unanimement résoleu de me faire repasser en
» France pour procurer le renvoi icy des susdits Turcs
» et Maures ; néansmoins, après y avoir plus mûrement
» pensé, ont trouvé plus à propos que je restasse, et
» qu'ils écriroient au Roy.

   » J'envoye à M. le Marquis de Seignelay la lettre qu'ils
» écrivent à Sa Majesté, par laquelle ils luy témoignent
» que, si dans deux mois, d'aujourd'huy, lesdits Turcs
» et Maures ne sont renvoyés icy, qu'ils me feront re-
» passer en France pour y porter de leur part l'advis de la
» rupture de la paix, laquelle ils renouvelleront ensuite
» avec les Anglois.

» J'ay creu, Messieurs, être obligé de vous adviser au plus
» tôt de cette résolution des Puissances de ce pays, la-
» quelle est très importante à votre commerce. C'est par
» le Bastion que je me donne l'honneur de vous écrire
» la présente, suppliant le Gouverneur de cette place de
» vous la faire tenir au plus tôt, même expressément, s'il
» n'avoit pas d'occasion qui y fusse de partance pour
» Marseille.

» Dans le paquet cy-joint, est la lettre que les Puis-
» sances et le Divan de ce pays adressent au Roy pour
» le sujet cy-dessus, et la lettre que je me donne l'hon-
» neur d'écrire à M. le Marquis de Seignelay pour le mê-
» me sujet. Il vous plaira la luy faire tenir en diligence,
» en procurer la réponse et notamment de celle des Puis-
» sances de ce pays qu'ils attendent incessamment avec
» même impatience, autant que le retour en ce pays-cy
» des susdits Turcs et Maures qui sont à Marseille.

» Je suis, etc. (1). »

Lettre du P. Le Vacher à MM. les Échevins de Marseille

Alger, le 17 octobre 1681.

« MESSIEURS,

» À l'arrivée de la présente tartane en cette ville, ex-
» pédiée à Marseille pour M. le Consul des États
» d'Hollande, j'ay receu la lettre dont il vous a pleu m'ho-
» norer du seizième du mois précédent, par laquelle
» vous avez bien voulu m'adviser de la dernière lettre

(1) A cette lettre est jointe une lettre d'envoi de M. Dussault,
gouverneur du Bastion de France, datée du 13 octobre 1681; il
adresse à MM. les Échevins de Marseille la dépèche de M. Le Vacher
et le paquet qui y est joint; il annonce qu'il écrit lui-même au Ministre, pour lui représenter l'importance des demandes du Consul et
le mal que ferait au commerce français le refus des satisfactions réclamées par les Algériens.

» que vous avez receue de M. le Marquis de Seignelay,
» lequel vous a témoigné que, quand les galères seroient
» de retour du voyage, il enverroit les ordres du Roy
» nécessaires pour le renvoy des Turcs et Maures qui
» sont en France, lesquels incessamment et très impa-
» tiemment attendeus des Puissances de ce pays.

» Ils ont pour ce sujet écrit au Roy le mois précédent,
» et vous ay adressé leur lettre, accompagnée d'une des
» miennes et une pour Monseigneur le Marquis de Sei-
» gnelay, par voie du Bastion. Je ne say si vous aurez
» présentement reçu ce paquet. Voicy que je vous en-
» voye encore, par cette présente tartane, une seconde
» lettre desdites Puissances pour le Roy, laquelle j'adres-
» se, comme j'ay faict la précédente, à M. le Marquis
» de Seignelay, auquel il vous plaira la faire tenir en di-
» ligence, parce que les susdites Puissances et le Divan
» assemblés m'ont témoigné que si dans deux mois,
» dont un est déjà passé, les susdits Turcs et Maures de
» ce pays qui sont en France ne sont renvoyés icy, qu'ils
» me feront repasser en France pour y porter de leur
» part l'advis de la rupture de la paix, laquelle ils renou-
» velleront ensuite avec les Anglois.

» Le patron de cette présente m'a dit qu'avant son dé-
» part de Marseille, les galères y étoient arrivées ; au
» nom de Dieu, Messieurs, procurez que les Turcs et
» Maures de ce pays soient renvoyés au plus tôt. Vous
» en aurez conneu l'importance par ma lettre précédente,
» en cas que vous l'ayez receue.

» Je suis, etc. »

« Le Gouverneur de Sallé a advisé ies Puissances de
» ce pays, que M. de Chateau-Renaud a faict échouer, à
» la côte de Sallé, une prise que les Corsaires de cette
» ville avoient faicte, et y envoyoit les personnes de l'é-
» quipage, de laquelle mondit sieur de Chateau-Renaud
» a pris et porté en France, avec une autre prise entière

» que les mêmes Corsaires avoient faicte : les susdites
» Puissances prétendent la restitution de l'une et l'autre
» de ces prises ; il vous plaira en adviser la Cour. »

Lettre du P. Le Vacher à MM. les Échevins de Marseille

Alger, le 18 octobre 1681.

« MESSIEURS,

» Je joins la présente à celle que je me suis donné
» l'honneur de vous écrire par cette même commodité,
» pour vous adviser que les Puissances de ce pays ont,
» ce matin, faict assembler le Divan extraordinairement,
» y ayant convoqué, outre les personnes qui s'y trou-
» vent ordinairement, tous les Rays ou Capitaines des
» vaisseaux Corsaires, les Officiers et Janissaires,
» m'ayant faict aussi appeler, où il a falleu me porter, à
» cause mes indispositions ne me permettent pas de che-
» miner ; les susdites Puissances ayant représenté de
» nouvelles plaintes que leur ont faictes les Turcs et
» Maures de ce pays qui sont en France, à cause de leur
» détènement et de ce que, depuis qu'il a pleu au Roy leur
» concéder la liberté, on les a contraint de faire trois
» voyages à la galère, ce que le Divan ayant entendeu
» avec les susdites Puissances, un mutuel consente-
» ment résolut la rupture de la paix avec la France ;
» l'ont tous acclamée et proclamée d'une même voix en
» ma présence, ce que je n'ay peu empêcher, quelque ins-
» tance que je leur aye faicte, leur représentant de ne
» vouloir rien précipiter, pour ne pas s'attirer l'indigna-
» tion d'un puissant Roy comme étoit notre Invincible
» Monarque, lequel avoit bien voulu jusqu'à présent les
» honorer de son amitié ; outre que j'espérois que dans
» peu de temps leurs Turcs et Maures leur seroient en-
» voyés, lesquels étoient possible présentement embar-
» qués pour repasser. J'ay, suivant l'advis qu'il vous a

» pleu, Messieurs, me donner par votre dernière lettre, à
» quoy ils n'ont voulu aucunement déférer, ayant per-
» sisté à me dire que la paix étoit de ce moment rompeue
» de leur part avec la France et que j'en advisasse ; et
» que, nonobstant cette rupture, tous les batiments mar-
» chands francois qui voudroient venir négocier en ce
» pays, qu'ils y seroient toujours les bien veneus, et que
» quand il plaira au Roy de m'envoyer l'ordre de repas-
» ser en France, qu'ils me le permettront sans diffi-
» culté.

» Je donne advis de tout ce que dessus à Monseigneur
» le Marquis de Seignelay, par la lettre cy-jointe qu'il
» vous plaira luy envoyer en diligence et le supplier
» comme je fais d'en informer le Roy et obtenir de Sa
» Majesté les ordres nécessaires pour l'armement de
» quelques vaisseaux pour courir sur ces pirates et em-
» pêcher le mal qu'ils peuvent causer au commerce de
» France et aux Francois qu'ils peuvent à l'avenir ren-
» contrer à la mer. Ils arment présentement tous les
» vaisseaux qui sont au port pour les aller chercher.

» Je ne doute point, Messieurs, que la présente receue,
» vous n'advisiez de cette rupture de paix, en tous les
» lieux et notamment tous les Commandants des bati-
» ments marchands qui sortiront dorénavant de Mar-
» seille et autres lieux de la Provence, à ce que, en étant
» advertis, ils se tiennent sur leurs gardes.

» La lettre des Puissances de ce pays que vous aviez
» adressé par cette commodité jointe à une que je me
» suis donné l'honneur d'écrire à Monseigneur le Mar-
» quis de Seignelay ne servent présentement l'une et
» l'autre de rien, à cause de la rupture de la paix inter-
» veneue du depuis ; néansmoins, si vous trouvez bon
» d'envoyer le paquet à Monseigneur de Seignelay, avec
» la lettre cy-jointe, vous l'enverrez.

» Je suis, etc. »

Lettre du P. Le Vacher à MM. les Échevins de Marseille

Alger, le 20 octobre 1681.

« MESSIEURS,

» Voicy la seconde lettre que je me donne l'honneur
» de vous écrire pour vous adviser de la rupture de la
» paix que les Puissances de ce pays et le Divan ont dé-
» clarée avec la France, à la considération ou pour pré-
» texte du détènement de leurs Turcs et Maures en
» France. Je vous ay envoyé la première lettre, avec une
» pour Monseigneur le Marquis de Seignelay, par le re-
» tour à Marseille de la tartane du patron François Ni-
» cole, de Marseille. Je vous envoye cette seconde par
» voie du Bastion, avec un duplicata cy-joint pour Mon-
» seigneur le Marquis de Seignelay.

» Le samedi, dix-huictième jour du présent mois, les
» susdites Puissances firent assembler le Divan extraor-
» dinairement, y étant convoqué, outre les personnes
» qui s'y trouvent d'ordinaire, tous les Rays ou Capitai-
» nes des vaisseaux Corsaires, les Officiers et Janissai-
» res. Ils me firent aussy appeler, où il me fallut porter,
» parce que mes indispositions ne me permettent pas de
» cheminer. Les susdites Puissances ayant représenté
» de nouvelles plaintes que leur avoient faictes les Turcs
» et Maures de ce pays qui sont en France, tant à cause
» de leur détènement que parce que depuis qu'il a pleu au
» Roy leur accorder la liberté, on les auroit contraints
» de faire trois voyages à la galère, ce que tous ceux qui
» étoient au Divan ayant entendeu, conclurent qu'il falloit
» rompre la paix avec la France, laquelle rupture fut en
» ce moment proclamée et déclarée en mutuel consen-
» tement et une même voix en ma présence, ce que je
» n'ay peu empêcher, quelque instance que je leur aïe
» faicte, leur représentant de ne vouloir rien précipiter
» pour ne pas s'attirer l'indignation d'un puissant Roy
» comme étoit notre Invincible Monarque ; de plus, que
» j'espérois que dans peu de temps, leurs Turcs et Mau-

10

» res leur seroient renvoyés, suivant l'advis qu'il vous a
» pleu, Messieurs, me donner par votre dernière lettre, à
» quoy ils n'ont pas voulu déférer, les susdites Puissan-
» ces et Divan ayant persisté à me dire que de leur part
» la paix étoit rompue avec la France, et que j'en advi-
» sasse; et que nonobstant cette rupture, les batiments
» marchands francois qui voudroient venir négocier en
» ce pays, qu'ils y seroient les bien veneus, et que quand
» il plaira au Roy de m'envoyer l'ordre de me retirer en
» France, qu'ils me le permettront sans difficulté.

» Les susdites Puissances font présentement armer
» tous les vaisseaux Corsaires qui sont au port, pour
» aller chercher des Francois. J'en donne advis par la
» cy-jointe à Monseigneur le Marquis de Seignelay, à ce
» qu'il luy plaise d'obtenir du Roy les ordres nécessaires
» pour armer en diligence contre ces pirates, et empê-
» cher les pertes et mal considérables qu'ils pourroient
» causer au commerce de France par les prises qu'ils
» présument faire des Francois.

» Je ne doute nullement, Messieurs, que vous ne fassiez
» vos diligences à la Cour pour obtenir du Roy les sus-
» dits ordres pour la conservation de votre commerce.

» Je ne doute non plus que vous n'advisiez au plus tôt
» de cette nouvelle rupture de paix tous les Comman-
» dants des batiments marchands qui sortiront de Mar-
» seille et des autres lieux de la Provence, et même MM.
» les Consuls des lieux étrangers, comme je feray.

» Je suis, etc. »

Lettre du P. Le Vacher à MM. les Échevins et Députés du commerce de la ville de Marseille.

Alger, le 22 octobre 1681.

(RÉSUMÉ)

Cette lettre n'est que la copie mot pour mot de celle

du 20 octobre. Le P. Le Vacher, après avoir prévenu de la rupture de la paix par une première lettre du 18 octobre, envoyée par une tartane de Marseille, a fait passer la seconde, datée du 20, par le Bastion ; celle-ci est adressée par Valence, en Espagne. Il est facile de voir que le Consul craint l'interruption des commnnications, et qu'en même temps il attache un haut prix à ce que la France soit avisée à temps de ce grave incident.

Lettre du P. Le Vacher à MM. les Échevins et Députés du commerce de la ville de Marseille.

Alger, le 6 novembre 1681.

« MESSIEURS,

» Je ne doute point que vous ne soyez présentement » informés par plusieurs lettres que je me suis donné » l'honneur de vous écrire, envoyées par des voies » différentes, de l'inopinée rupture de la paix avec la » France que les Puissances et le Divan de ce pays » déclarèrent le samedi, 18e jour du mois précédent, » sous prétexte de la détention, en France, de leurs » Turcs et Maures, et de ce que, suivant les susdits » Turcs et Maures leur ont écrit, qu'après qu'il plut au » Roy leur accorder la liberté pour l'échange des Fran- » cois esclaves en cette ville, on les avoit contraint de « faire trois voyages à la galère.

» J'ay en même temps donné advis de cette précipitée » rupture de la paix à Monseigneur le marquis de Sei- » gnelay, et vous ay envoyé les lettres que je luy ay » écrites pour ce sujet, à ce qu'il vous plut les luy faire » tenir en diligence, comme j'espère que vous aurez » faict, et procurer du Roy par son instance, les ordres » nécessaires pour armer en Ponant et Levant contre » ces pirates, et empêcher les prises qu'ils se présu-

» ment faire contre les Francois, avant qu'on se soit
» mis en état de les en empêcher.

» Les Puissances, au même temps qu'elles déclarèrent
» cette rupture, elles ordonnèrent d'armer tous les vais-
» seaux et autres batiments qui étoient au port pour
» aller chercher des Francois ; quelques-uns de ceux
» qui ont sorti ont jusqu'à présent envoyé six prises :
» deux vaisseaux, l'un de Saint-Malo, chargé de bacalla ;
» et l'autre de Provence ; et quatre barques, dont l'une
» est de la Ciotat, qui avoit parti de Marseille pour
» Cadix, commandée par le patron Carbonnau ; les au-
» tres avoient sorti d'Espagne. Les personnes de tous
» ces batiments, tant de l'équipage que passagers, soñt
» au moins cent, et les facultés ou marchandises sont
» estimées à la valeur de plus de cent cinquante mille
» pièces de huict.

» Considérez, Messieurs, combien il importe à votre
» commerce que vous procuriez en diligence les ordres
» nécessaires du Roy pour armer au plus tôt contre ces
» Corsaires et empêcher le mal que la continuation de
» leurs déprédations pourra causer à la France.

» Je suis, etc. »

Lettre du P. Le Vacher à MM. les Échevins et Députés
du commerce de la ville de Marseille

Alger, le 13 décembre 1681.

« MESSIEURS,

» Je ne doute point que vous n'ayez présentement
» receu toutes les lettres que je me suis donné l'hon-
» neur de vous écrire et adressées par Monseigneur le
» marquis de Seignelay, par différentes voies, tant pour
» adviser de la rupture de la paix avec la France que les
» Puissances de ce pays ont déclarée sous prétexte du
» détènement de leurs Turcs et Maures en France, que

» des prises que les Corsaires ont faites sur les Fran-
» cois, tant de Ponant que de Levant depuis la dernière
» rupture.

» Par ma dernière, que j'ai donnée au patron Jacques
» Pesé, de la Ciotat, qui partit d'icy le mois précédent
» pour Marseille, je vous advisois que les prises étoient,
» ce me semble, huit ou dix ; elles ont deu, depuis, aug-
» menter jusqu'au nombre de vingt ; les personnes, tant
» de l'équipage que passagers, lesquelles se montent à
» moins à quatre cents, et les facultés estimées à plus
» de deux cent mille pièces de huict.

» Les Corsaires n'ont pas plus tôt conduit leurs prises
» au port, qu'on les oblige de se mettre à la voile pour
» en aller faire d'autres ; ils arment même pour ce sujet
» les batiments des prises sitôt qu'ils ont été déchargés.

» Entre les susdites prises est un petit batiment du
» Roy, sur lequel était M. de Beaujeu, gentilhomme en-
» voyé par ordre de Sa Majesté aux côtes d'Italie, et,
» en s'en retournant en France, a été rencontré du Géné-
» ral des vaisseaux de cette ville, qui l'a pris et conduit
» icy avec quarante personnes de son équipage ; aussitôt
» qu'ils sont été arrivés ont été vendeus très chèrement ;
» mon dit sieur de Beaujeu, à luy seul, étoit acheté onze
» mille deux cents pièces de huict par le susdit Général
» qui l'a pris, encore bien qu'il ne luy donne rien pour
» subsister ; ce pauvre gentilhomme étant dans l'im-
» puissance de payer son rachat, il espère que la puis-
» sance et autorité de notre Invincible Monarque ou la
» piété et la miséricorde le retirera du pitoyable état où
» il se trouve, ayant été pris étant actuellement à son
» service.

» Un vaisseau francois, nolisé par les Juifs, à Livourne,
» pour cette ville, lequel a touché à Marseille où même
» il a resté quelques jours, est arrivé icy sans m'apporter
» aucune de vos lettres pour pouvoir apprendre si vous
» aviez receu toutes celles que je me suis donné l'hon-
» neur de vous écrire et adressées par Monseigneur le

» marquis de Seignelay, lesquelles je vous ay envoyées
» par différentes voïes, ce qui n'a pas été un petit sujet
» d'affliction.

» Je suis, etc. »

*Note de M. Amiraut, Supérieur des Prêtres
de la Congrégation de la Mission*

« M. Le Vacher me mande, du 28 janvier 1682 :

» 1° Qu'aucun batiment n'est veneu de France ni de
» Livourne, ni d'aucun lieu de l'Italie qui luy aïe
» apporté des lettres pour l'informer de ce qu'il se passe
» en France pour Alger, depuis l'advis qu'il a donné de la
» rupture de la paix par différentes voies ;

» 2° Que tous les corsaires de ce pays sont dehors il y
» a longtemps, et qu'aucun n'a envoyé de prises fran-
» coises depuis plus d'un mois, et que toutes les prises
» qu'ils ont faites jusqu'à présent sur les Francois sont
» de vingt et un batiments, et que les derniers vaisseaux
» Corsaires qui sont partis d'icy sont très mal armés, les
» soldats n'ayant pas vouleu s'embarquer, dans l'appré-
» hension de rencontrer des vaisseaux francois ;

» 3° Que, depuis environ dix jours, cinq vaisseaux
» de guerre ont pareu plusieurs fois devant cette ville,
» que quelques Turcs croient être anglois, d'autres fran-
» cois (1) ;

» 4° Qu'on prépare un camp en cette ville pour aller
» contre le Roy de Fez, duquel les Puissances de ce pays
» prétendent quelques satisfactions, et que ce camp ne
» partira que dans deux mois environ ;

» 5° Le Gouverneur d'Alger a, depuis un mois, saisi
» deux barques de Mayorque avec tous leurs fonds et

(1) C'était l'escadre anglaise commandée par l'amiral Herbert.

» faict toutes les personnes esclaves, à cause que quel-
» ques prêtres séculiers et réguliers esclaves, et autres
» chrétiens aussi esclaves, s'étoient enfuis sur une fré-
» gate qu'on croit avoir été envoyée de Mayorque ici
» pour ce sujet.

» Le même M. Le Vacher, par sa lettre du 17 février
» passé, confirme une des précédentes nouvelles, que
» tous les Corsaires de cette ville sont dehors, et que
» par la grâce de Dieu ils n'ont envoyé aucune prise. »

*Lettre de M. de Seignelay à MM. les Échevins et Députés
du commerce de Marseille.*

Versailles, le dernier mai 1682.

« MESSIEURS,

» Le Roy, voulant être informé de ce que peuvent
» valoir les prises qui ont été faites sur ses sujets par
» les Corsaires d'Alger depuis le 18 octobre dernier qu'ils
» ont déclaré la guerre, afin que M. Duquesne en puisse
» demander la restitution, en cas que lesdits Corsaires
» acceptent les conditions auxquelles Sa Majesté leur
» accordera la paix ; ne manquez pas de m'envoyer
» promptement un état de ce que les vaisseaux et mar-
» chandises pris par lesdits Corsaires peuvent valoir, et
» faites cette estimation la plus exacte et la plus authen-
» tique que vous pourrez.

» Je suis, Messieurs, votre très affectionné à vous
» servir.

» *Signé :* SEIGNELAY. »

Lettre du P. Le Vacher à MM. les Échevins et Députés
du commerce de Marseille.

Alger, le 30 janvier 1683.

« Messieurs,

» Vous avez appris par le retour, non seulement des
» galères, mais même des vaisseaux en France, com-
» mandés par M. Duquesne, le peu de satisfaction que
» les Puissances et Turcs de ce pays ont donné au Roy,
» nonobstant le fracas extraordinaire que mon dit
» sieur Duquesne a causé en cette ville par les bombes
» et carcasses qu'il a fait jeter nuitamment à diverses
» fois ; ayant par ce moyen jeté par terre quelques mos-
» quées, plusieurs maisons et boutiques, sous les ruines
» desquelles cent personnes sont mortes et se sont trou-
» vées en même temps ensevelies, ce qui avoit obligé
» les trois quarts des habitants de la ville de l'abandon-
» ner et de se réfugier aux jardins et maxeries circon-
» voisines pour se conserver la vie. Les Puissances, en
» ce temps-là, me témoignèrent que j'écrivisse en France
» pour représenter au Roy qu'il n'étoit point nécessaire
» qu'il envoyât ici une armée, et que s'il plaisoit à Sa
» Majesté d'envoyer un seul de ses vaisseaux, ou même
» une barque avec une personne de sa part, qu'ils
» lui donneroient satisfaction et renouvelleroient la paix
» sans difficulté. Je me donnay l'honneur, Messieurs, de
» vous écrire en même temps pour ce sujet, et donnay
» ma lettre à mon dit sieur Duquesne pour vous être
» adressée. Je ne sais si elle vous aura été rendeue ; et
» parce que depuis le départ de mon dit sieur Duquesne
» de devant cette ville, les susdites Puissances m'ont
» plusieurs fois témoigné la même chose, j'ay creu vous
» en devoir adviser de nouveau, et Monseigneur de Sei-
» gnelay, par la lettre ci-jointe que je lui écris pour ce

» sujet, auquel il vous plaira la faire tenir au plus tôt,
» ou à Monseigneur Colbert son père, à son absence,
» auquel vous pouvez représenter vos sentiments pour
» le bien et l'avantage que la paix avec les Turcs de ce
» royaume peut contribuer au commerce.

» Les prises que les Corsaires de cette ville ont faites
» l'année dernière sur les Francois arrivèrent au nombre
» de vingt-deux qui, grâce à Dieu, ne sont pas considé-
» rables, tant aux mers de Levant que de Ponant; les
» personnes qui ont été faites esclaves seront environ
» trois cents, tant des équipages que passagers. J'en ay
» envoyé le mémoire à M. Amiraut, Supérieur de notre
» maison en votre ville de Marseille.

» Le mal contagieux continue en cette ville, duquel
» meurent journellement plusieurs personnes. Notre-
» Seigneur vous en préserve !

» Je suis, en son amour et en celui de sa Sainte-Mère,
» Messieurs, votre très humble et très obéissant ser-
» viteur.

» J. Le Vacher,
» Vicaire Apostolique. »

Cette coûteuse entreprise n'avait donc servi qu'à ai-
grir l'esprit des Algériens et à les détacher complètement
de la Porte, qui avait refusé de les secourir. Comme le
commerce, malgré la croisière de M. de Lhery, continuait à souffrir de plus en plus, il fallut en revenir au
mode d'action sagement préconisé jadis par le P. Le Vacher et par M. Dussault ; ce dernier fut chargé d'ouvrir
des négociations, qu'il conduisit avec son habileté ordinaire ; Hadj-Hussein lui avoua que « *si le Roi voulait la
paix une fois, lui la voulait dix.* » Mais il refusa formellement d'avoir affaire à Duquesne, qu'il traitait d'*homme
sans parole*.

Pendant tous ces événements, les Établissements n'a-
vaient pas été inquiétés ; lors du deuxième bombarde-

ment, l'Amiral, craignant des représailles, avait envoyé au Bastion quatre galères, sous le commandement de M. de Breteuil, qui rapatria 420 personnes. A la fin des hostilités, M. Dussault rêintégra le personnel.

Les émeutes éclataient chaque jour à Alger, et Hadj-Hussein n'arrivait à les réprimer qu'en versant des flots de sang ; ll fut plusieurs fois blessé dans ces combats de rue. Sachant que cette agitation était entretenue par le Bey de Tunis, il envoya contre lui une expédition, sous les ordres d'Ibrahim-Khodja, qui emmena avec lui les deux frères du Bey, ses compétiteurs, et s'empara de Tunis après un assez long siège.

Le 2 avril 1684, M. de Tourville, accompagné d'un Capidji de la Porte, arriva à Alger avec une grosse escadre, et y fut très honorablement reçu. Après une vingtaine de jours dépensés en pourparlers, la paix fut signée et proclamée, *pour une durée de cent ans !* Les captifs devaient être tous libérés de part et d'autre ; les Consuls n'étaient plus rendus responsables des dettes de leurs nationaux, et le Dey envoya à Versailles, pour y demander le pardon du passé, Hadj-Djafer-Agha, qui reçut audience du Roi le 4 juillet, fut promené à Saint-Cloud et à Trianon, où il enchanta la Cour par ces flatteries dont les Orientaux savent être si prodigues à l'occasion (1). M. de Tourville retourna en France, laissant l'Agent du Bastion Sorhaindre comme Consul intérimaire. Il fut remplacé, en février 1685, par M. Piolle, qui ne semble s'être occupé sérieusement que de ses propres affaires. Toute cette année fut tranquille ; au printemps, le Dey envoya à Versailles Hadj-Méhémet, avec dix chevaux barbes qu'il offrait au Roi, en le remerciant d'avoir libéré les captifs turcs ; Tourville revint à Alger

---

(1) *Gazette de France*, 1685, p. 143. Entre autres flatteries, Hadj-Djafer déclara *qu'il n'était pas surprenant que Versailles fût le plus beau palais du monde, puisqu'il était la demeure du plus grand des Rois.* Cette phrase fut-elle de son invention, ou de celle de l'Interprète, Petis de la Croix ?

le 23 mai, et il se vit rendre 75 Français qu'on avait rachetés dans l'intérieur du pays (1). Les Anglais et les Hollandais, qui avaient fait tous leurs efforts pour empêcher le traité de 1684, furent maltraités au Divan, qui ne répondit à leurs plaintes qu'en leur déclarant la guerre ; les Reïs fondirent sur leurs batiments, tout en continuant à ravager les côtes d'Italie et d'Espagne ; quelques-uns d'entre eux, qui avaient attaqué des Français, furent batonnés ou pendus.

En 1686, Hadj-Hussein, qui venait de recevoir de la Porte le caftan de Pacha, renvoya à Tripoli le vieil Ismaël, et fit nommer Dey son séide Ibrahim-Khodja; celui-ci revenait de Tunis, qu'il avait pillé à fond, après y avoir installé le Bey Méhémed ; il ne s'occupa en rien du gouvernement, et passa les trois années suivantes à combattre les Espagnols d'Oran, avec des alternatives de succès et de revers, le tout sans grande importance.

Cependant, comme il était impossible de contenir les Reïs, ils recommencèrent à enlever des navires français, à partir de l'été de 1687 ; les réprésailles ne se firent pas attendre : une croisière bien dirigée leur coûta une vingtaine de bâtiments; MM. de Chateau-Renaud, de Beaulieu et de Noailles se distinguèrent particulièrement dans cette campagne, qui fut heureusement continuée par MM. d'Amfreville et de Coëtlogon (2). Le Consul était peu respecté, en raison de ses habitudes mercantiles, qui indisposaient contre lui les négociants eux-mêmes de la nation. Les captifs, habitués aux soins et aux aumônes des Lazaristes, se plaignaient d'être délaissés. Lorsque le Dey apprit qu'un arrêt du Conseil d'État engageait les bâtiments marchands à s'armer et leur promettait une prime par chaque Corsaire pris ou coulé, il fit saisir Piolle et 372 Français, qui furent enchaînés et conduits au travail des carrières, en butte

(1) *Gazette de France*, 1685, p. 190.
(2) *Gazette de France*, 1687, p. 548 et suiv.

aux mauvais traitements de la populace ; le Consulat fut
pillé ; les onze bâtiments français qui se trouvaient dans
le port furent vendus, avec leurs cargaisons et leurs
équipages ; ce fut en vain que M. Dussault chercha à
s'interposer ; les présents prodigués par les nations en-
nemies avaient produit leur effet, et lui valurent la réponse suivante, qui mit nécessairement fin à ses démarches :

« Nous, Pacha, Dey et Divan, nous avons reçu vos imper-
» tinentes lettres ; nous voudrions bien savoir d'où vient
» que vous vous émancipez à nous donner des conseils ;
» si pareille chose vous arrive dans la suite, nous pour-
» rions vous en faire repentir ; c'est vraiment bien à un
» marchand, comme vous êtes, à se mêler des affaires
» d'État ! Nous ne vous avons jamais donné des ordres
» pour agir de cette façon ; nous ne pensons pas non
» plus que vous en ayez de l'Empereur, votre maître ;
» aussi, c'est bien mal à propos que vous vous êtes voulu
» ingérer de nous donner des conseils salutaires (ainsi
» que vous dites); vous ne devez pas avoir d'autres vues
» que votre commerce, et non pas vous ériger en hom-
» me d'État. Nous voulons bien vous avertir charitable-
» ment que, même quand nous viendrions à terminer
» les affaires avec l'Empereur, votre maître, nous n'en-
» tendrions jamais que vous soyez chargé de la moindre
» chose touchant la négociation, ni même que vous
» puissiez mettre pied à terre ; suffit que le Pacha et
» nous vous connaissions de longue main pour un hom-
» me plus propre à brouiller les affaires qu'à les racom-
» moder ; ainsi attachez-vous uniquement à mettre vo-
» tre commerce sur pied.

» Alger, le 27 mai 1688. »

M. Piolle avait été tellement maltraité qu'il était gravement malade ; le P. Montmasson, vicaire apostolique,

chez lequel les sceaux avaient été portés, parvint à le faire interner dans la maison des agents du Bastion et le fit soigner de son mieux.

Hadj-Hassein était informé que le Maréchal d'Estrées assemblait une flotte formidable; il fortifiait les batteries du port et de la côte, faisait amasser les munitions et couler les meilleurs vaisseaux pour les mettre à l'abri des bombes; il eût cependant voulu traiter, et écrivait dans ce sens, à M. de Vaudré, intendant de la marine à Toulon; mais il était trop tard et les lettres n'arrivèrent que lorsque le canon avait déjà parlé. Le Maréchal parut devant Alger le 26 juin avec 15 vaisseaux, 16 galères et 10 galiotes à bombes; il prit immédiatement position et fit parvenir au Divan une lettre dans laquelle il déclarait que, si les atrocités de 1683 se renouvelaient, il exercerait des représailles sur les captifs turcs qu'il avait à bord.

Hadj-Hassein répondit insolemment qu'il rendrait le Consul la première victime du bombardement, attendu qu'il considérait ce mode de guerre comme déloyal; que, quand même son propre père serait au nombre des prisonniers menacés de mort, il se conduirait de la même façon; mais que, *si l'amiral voulait lutter honnêtement à coups de canon, ou descendre à terre pour combattre*, il prendrait lui-même les esclaves sous sa protection. Le feu commença le 1er juillet, et dura jusqu'au 16, sous la canonnade de la ville, qui ne causa pas de grosses pertes. Les galiotes lancèrent 10,420 bombes; les dégâts furent immenses. Nous lisons dans une *lettre d'un marchand parti d'Alger au mois d'août :*
« La ville a été absolument écrasée; les cinq vaisseaux
» qui étoient dans le port sont coulés. Le fort de Matifou,
» avec ses quinze pièces de canon, entièrement rasé;
» Alger n'est qu'une ruine; les mosquées et la maison
» du Dey sont à terre. Les bombes ont dépassé la ville
» haute et brisé les aqueducs. Le fanal, le môle et chan-
» tier de construction sont fort endommagés; Mezzo-

» morto a été blessé deux fois; les habitants, s'étant
» d'abord retirés à la campagne, ont peu souffert (1). »
Cependant, dès la première apparition de la flotte,
MM. Piolle, de la Croisière de Motheux, le P. Montmasson, le F. Francillon, trois capitaines marins, cinq
patrons, six écrivains et vingt-cinq matelots avaient été
enfermés au bagne du Beylik et partagés en escouades,
destinées à marcher à la mort les unes après les autres.
Le 3 juillet, Piolle fut conduit au canon avec quinze
matelots; il fut si cruellement frappé tout le long de la
route à coups de bâtons et de couteaux qu'il expira
avant d'arriver à la batterie ; *il mourut fidèle à Dieu et
au Roi,* dit la lettre qui nous donne ces détails. Le 5, les
bourreaux s'emparèrent du P. Montmasson et de quatre
Français; le vicaire apostolique fut horriblement torturé
et mutilé (2), puis attaché au canon. Les jours suivants,
le reste des prisonniers subit le même sort.

Le Maréchal avait tenu parole aux Algériens, et avait
répondu à chaque supplice en faisant pendre autant de
Turcs qu'il y avait eu de victimes mises au canon. Ce
fut, du reste, le seul châtiment que reçurent ces odieux
attentats; cette fois encore, l'expédition manqua son
but, et demeura incomplète; si la flotte eût pu demeurer
quelques jours de plus, la ville se serait rendue à merci ;
car la famine y régnait, et les révoltes y éclataient chaque jour. Les Janissaires, qui, en revenant du siège

---

(1) Résumé de la lettre citée par la *Gazette de France*, 1688, p. 384 et
525.

(2) On lui coupa le nez, les oreilles ; on lui creva un œil et il fut
percé de couteaux et de poinçons ; on termina par une infamie que
l'auteur de son oraison funèbre décrit en ces termes : « Il s'était
» rendu eunuque lui-même pendant toute sa vie par la pratique
» exacte et constante d'une parfaite continence, et, le dernier jour
» de sa vie, il souffrit cette violence de la part de ces hommes bar-
» bares, dont l'insolence alla jusqu'à *souiller ses lèvres,* par un raffi-
» nement de cruauté que notre plume se refuse à retracer. » Il était
né près de Genève, en 1640, et avait été longtemps missionnaire
à Madagascar.

d'Oran, avaient trouvé leurs habitations détruites, et leurs familles dispersées et ruinées, ne cachaient pas leur mécontentement, et Mezzomorto ne se maintenait que par la terreur. Il n'avait, pendant tout le temps de l'attaque, fait aucune offre de soumission, rendant coup pour coup, et se montrant toujours le premier au feu ; le lendemain du départ de la flotte, il activa les armements, lança des Corsaires de tous les côtés, et la Méditerranée fut plus ravagée que jamais. Les villes du littoral éclatèrent en doléances, et le Conseil Royal, craignant de perdre tout le commerce du Levant et de le voir accaparer par les Anglais, qui intriguaient activement pour en avoir le monopole, fit secrètement ouvrir des négociations par l'ancien Drogman du Consulat, M. Mercadier. Ce personnage, qui paraît avoir joué dans tous ces événements un rôle assez louche (1), avait été jadis imposé par le Dey à M. Piolle, qui avait en vain cherché à s'en débarrasser ; plusieurs documents le qualifient de renégat : quoi qu'il en soit, il était assez habile, et dès le milieu de 1689, il écrivait à M. de Vauvré que le Dey se prêterait volontiers à un arrangement. Le Conseil Royal fut informé par l'Intendant, qui reçut l'ordre d'envoyer à Alger, M. Marcel, Commissaire de la Marine ; celui-ci arriva au commencement de septembre, et, le 25 du même mois, renouvela le traité de Tourville, avec quelques modifications insignifiantes (2) ; Mohammed-el-Amin fut député à Versailles pour présenter l'acte à la signature du Roi.

A son retour d'Oran, Ibrahim Khodja, très impopulaire dans la Milice, s'était réfugié à Sousse. La Porte, sur les instances de la France, avait rendu le Pachalik d'Alger

---

(1) Il est assez extraordinaire qu'il ait pu traverser cette période sanglante sans être même inquiété, et cette immunité donne même des soupçons.

(2) On ajouta les deux articles 19 et 25, relatifs aux Chrétiens renégats et aux Missionnaires.

au vieil Ismaël, qui en avait occupé la charge de 1661 à 1686 ; il se mit en route à l'automne ; mais, lorsque son navire parut devant le port, il lui fut défendu d'entrer, et on ne répondit à ses observations qu'en le menaçant de le canonner, s'il ne s'éloignait pas. Il se retira au Maroc où il mourut. Peu de jours après, au moment de la rentrée des Mahallas, les Janissaires, qui, comme de coutume, étaient campés hors de la ville pour se réunir avant de faire leur entrée, s'insurgèrent et demandèrent la tête d'Hadj Hussein ; celui-ci chercha d'abord à rassembler quelques partisans pour combattre les rebelles : mais, se voyant abandonné, il s'enfuit à Tunis (1).

Chaban fut nommé son successeur. Aussitôt après son élection, Mercadier écrivit en France pour y rendre compte de la révolution qui venait de s'accomplir ; il déclarait que cet événement ne changeait rien à la nature des relations entre les deux puissances, et, comme preuve, envoyait une lettre dans laquelle le nouveau Dey déclarait accepter sans modifications le traité conclu par son prédécesseur. Mais cette dernière pièce était fausse, et c'était le Consul lui-même qui en était l'auteur et qui avait apposé sur ce document apocryphe le cachet de Chaban. Celui-ci se trouva donc fort surpris lorsque, le 12 décembre, il vit arriver le Député Marcel, qui venait le remercier de ses bonnes intentions, et lui apportait, avec quelques présents, une lettre de Louis XIV. Or, Chaban, qui savait très bien que la signature du traité du 25 septembre avait été la vraie cause du départ forcé de Mezzomorto, et qui, de plus, avait été gagné par l'or

(1) Quelques-uns disent qu'il se retira d'abord à Kouko : c'est assez improbable ; car il aurait fallu qu'il traversât les troupes révoltées, tandis qu'il n'avait qu'à monter dans son vaisseau pour mettre à l'abri sa personne et ses trésors. Quoi qu'il en soit, il alla de Tunis à Constantinople, où le Sultan le nomma Capitan-Pacha ; il rendit de très grands services, en cette qualité, pendant les guerres de l'Archipel et de la Mer Noire.

des Anglais (1), était, à ce moment, hostile à la France. Marcel s'aperçut donc bien vite de la fourbe de Mercadier, et l'embarqua d'autorité sur le vaisseau qui le ramena lui-même en France en mars 1690. Il avait employé toute son habileté pour faire revenir le Dey à des sentiments plus pacifiques, et y était parvenu, non sans avoir eu à surmonter de grandes difficultés et à courir de nombreux périls ; il faillit être assassiné deux fois, l'une par un agent de la Hollande, l'autre par un fanatique (2). Le traité fut enfin confirmé le 15 décembre, et M. Lemaire, qui avait été demandé par le Dey lui-même, fut désigné comme Consul. Les Algériens envoyèrent un Ambassadeur à Versailles pour la conclusion définitive de la paix (3).

FIN

---

(1) *Gazette de France*, 1689, p. 518, et 1690, p. 741.

(2) *Mémoires de la Congrégation de la Mission*, T. II, p. 479 et 480.

(3) Voici quelques lignes de la lettre que Louis XIV écrivit, à cette occasion, à Chaban :

    « TRÈS ILLUSTRE ET MAGNIFIQUE SEIGNEUR,

» Nous avons su, par la lettre que vous nous avez écrite, la dis-
» position dans laquelle vous êtes de maintenir la paix qui a été con-
» clue par le Commissaire Marcel avec le Pacha et Divan d'Alger,
» et comme le traité qui nous a été présenté est conforme à nos in-
» tentions, nous ratifions par cette lettre les articles dont il est con-
» venu et nous donnons ordre aux Commandants de nos vaisseaux
» et au sieur de Vaudré, Intendant de la marine au port de Toulon,
» de les exécuter dès à présent, espérant que de votre part, vous
» tiendrez la main à ce que les conditions d'un traité si solennel ne
» soient violées par aucune contravention ; et que s'il s'en commet
» quelques-unes dans la suite, vous aurez soin qu'elles soient aus-
» sitôt réparées, afin que rien ne puisse altérer la bonne intelligence
» dans laquelle nous voulons bien vivre avec vous. »

A<small>LGER</small>. — T<small>YPOGRAPHIE</small> A<small>DOLPHE</small> J<small>OURDAN</small>.

ALGER. — TYPOGRAPHIE ADOLPHE JOURDAN.